U0145052

空間政治：

空間分析於選舉地理
與政治行為研究之應用

徐永明、吳怡慧　著

五南圖書出版公司 印行

　　欣聞徐永明教授的專書即將問世，有機會事先拜讀，甚感榮幸。這本書是徐教授這幾年的研究心得，統整發表的五篇學術論文，雖然各自獨立，然又有一定的連貫性。臺灣社會科學界，對GIS（地理資訊系統）或空間分析，談得多，做得少，除了少數幾個特定領域，如地政、都市計畫，學術研究仍屬罕見，學校系統的授課也不多。主要原因是一般社會科學學者，對「空間分析」本來就認識不多。GIS源自地理學，土地測繪、資源運用管理，大量仰賴電腦科技，與特殊的量化方法，社會科學學者對此並不熟悉；然而，GIS的發展日新月異，影響深遠，任何領域都可以看到它的蹤跡，其商業應用更是無遠弗屆，蔚為風潮，社會科學當然也不應自外於這個趨勢。

　　空間分析是建立在GIS基礎上的一套研究方法，它的重點在突顯「空間因素」的重要性。什麼是「空間因素」？一般的理解是地理位置，例如經緯度、或者是某個地區，臺北市、高雄市，或者更小一點，大安區、中正區等，就是一個地點、地區，或位置（location）。研究者很快就會發現，各個地區的變數值大小不一，有高有低，亦即有空間上的變異（spatial variation），例如得票率有高低、所得、經社背景有高低等。如何解釋此種高、低或變異？傳統個體為基礎的量化研究，巧妙地迴避了這個問題。地區變異不是重點，或者說是個「假問題」，因為各地區「本身」是不會有「變異」的，造成變異的是居住在其上的「人」，人才是造成變異的主因。因此，要先抽樣，抽出具有代表性的人出來，研究人的「屬性」與其「行為表現」的關係。這個時候，「空間」的因素變得不重要了，就個體研究而言，基本上是否認空間因素的存在。

　　與此相反，空間分析從集體資料出發，分析單位是「地區」而非「個人」。這個時候，「個人」的屬性提升為「地區」的屬性；接著，再用地區屬性來解釋地區變異。這個方法上的差異，造成兩個很大的不同。第一，分析的對象是「母體」不再是「樣本」，台灣368個鄉鎮（含金馬），觀察值就是368個，觀察值不是抽出的樣本，而是母體。第二，觀察值彼此間不獨立，鄰近的地區的行為彼此會相互影響（地區間的模仿、學習或其他原因而有相似性）。顯然，這違反了最小平方法迴歸的基本假定，誤差不是雜訊。基於這個原因，空間分析強調兩個概念，第一是「空間自相關」，它用來補捉「鄰近效應」（相鄰地區間的彼此影響）；另一個是「空間異質」，變數與變數間的關係可能是不穩定的，自變數與依變數的迴歸係數，不是定值，而因地而異。這兩個概念挑戰了傳統以個體抽樣為基礎的量化研究，「地區屬性變數」、「空間自相關」、「空間異質」有不同的意義，不能混淆。就此，空間分析有了自己的獨特性，空間迴歸也不再用最小平方法，而是用最大概似法，或用工具變數，在控制地區屬性變數之後，突顯「鄰近效應」、「空間異質」的影響，並清楚說明他們在解釋依變數上的貢獻。

　　空間分析在社會科學上的應用，其實還尚待開發，除了方法上的獨特性以外，問題意識的尋找也是個挑戰，而問題意識與可取得的資料有關。個體資料，例如 TEDS，透過抽樣，可以針對研究需要，擬定問項。這點空間分析就很困難了，如果以鄉鎮為分析單位，每個鄉鎮都要有數據，抽樣的規模將相當龐大，談何容易，如果以里、鄰為分析單位，那就更不可能了。最後，研究者只能仰賴人口普查或有限的政府公開資訊，如選舉資料、戶政資料，能做的題目自然有限。不過，大數據興起之後，有了新契機，資料的取得也許不再仰賴政府資訊，情況可能會改觀，其實GIS與空間分析更合乎資料探勘的精神，與大數據結合之後，其發展潛力未可限量。

　　徐教授這本專書來得正是時候，這本書的特點是結合空間分析方法、創意的問題意識，與豐富的空間資料。徐教授來自學界，受過嚴謹的社會科學量化訓練，對傳統投票行為的研究相當熟悉；同時，又有豐富的

實務經驗，對國會、立法院的生態亦不陌生。因此，本書各章的主題，研究設計不落俗套，新穎而有趣。如第二章談立法委員會在瘦肉精議題上的表現，與其選區的選舉生態有關；第三章談立法委員在選擇委員會上有地區差異；第四章討論立法委員在任期中的表現，與選區特性有關，也與鄰近效應有關。徐教授嘗試各種不同的鄰近界定，比較其差異；第五章比較電訪與面訪的正確性，透過最大熵數法校正，提昇面訪估計的準確度；第六章則討論空間自相關的概念在抽樣技術上的可能貢獻。綜觀本書，徐教授探討的主題緊扣著國會運作以及選舉研究，加入了空間的概念，與傳統政治學研究有明顯的區隔，這是個很好也很不容易的示範，給學界相當的啓發。透過這本書，讀者也可以看到徐教授的不同面貌，這個面貌是屬於學術的。當然，本人也要提醒，這是本嚴謹的學術著作，一般人可能閱讀不易。但如果要對空間分析有進階的認識，此爲一本不可多得的好書。

國立台灣大學國家發展研究所　副教授

鄧志松

　　空間分析是一種建立在GIS資料庫系統與迴歸分析的量化分析技巧，最早使用於自然科學，包括氣象、地質、環境變遷、生態學的應用等等。使用之方法包括空間圖形呈現、空間指標以及空間統計模型。隨著電腦及網路科技的發展，以及相關分析軟體的普及，GIS在商業與學術界的應用更加廣泛。近年來，GIS在社會科學中的應用開始不斷增加，在經濟學、政治學與人口學中領域都被廣泛應用，例如產業群聚、選舉結果、人口分布、都市規劃、犯罪分布等是常見的分析議題。

　　空間分析在國內政治學中也是一個新興的研究領域，重點在分析空間單位之間的互相影響。空間分析的研究，以空間地理單元作為分析單位，例如以台灣的鄉、鎮為分析單位，每個觀察值都有清楚的地理位置或邊界，可以加以定位。傳統的政治學行為研究中，每個觀察值係隨機抽樣而來，假定每個觀察值都是獨立的，比較少討論觀察值地理位置，著重的是受訪者本身的屬性，如族群、性別與階級。與此相對，空間分析則強調，地理位置有其重要性，給定同樣的個體特性，身處不同的地理環境，行為就可能會產生改變。之所以如此，很重要的一個因素是鄰近效應的影響，透過模仿、學習與傳播，我們的行為與周邊鄰居的行為有趨同性，因此個體屬性以及環境脈絡因素，都應是政治學分析不可或缺的部分。

　　徐永明老師是我在美國密西根大學的學長，在美國求學時已相當傑出。徐老師回國之後，在許多台灣政治學方法的領域都是研究的先驅之一，例如時間序列、分量迴歸，以及空間分析等等領域都是，他將相關方法引入國內政治學研究，應用在許多有趣的議題上。最令人佩服的莫非是徐老師實務與理論兼顧，在從事實際政治實務之際，依然撥出時間進行學

術研究，而且成果斐然，學術期刊文章是一篇接一篇，沒有停過。

　　這本書中，作者將空間分析帶入政治學的幾個重要領域，爲政治學研究開拓了新的領域，包括政治地盤、選舉研究、國會研究與空間抽樣分析等。這之中很多議題是之前根本沒有人處理過的，相當具有新意。特別是其中的空間抽樣分析，處理抽樣樣本之間因爲有空間的群聚性，彼此可能會互相影響，無法符合獨立性的假設這個問題，這個議題結合個體行爲研究與空間分析，相當具有開創性。本書各章的素材原先是徐老師發表於學術期刊的幾篇獨立論文，但本書不是機械式的集結在一起而已，而是透過用心的改寫與整合，現在成爲一個架構清楚，邏輯清晰的專著，對於空間分析在政治學的應用進行了廣泛與深入的探討。

　　徐老師不僅自己努力，也不吝提攜後進，與多位年輕學者共同研究、進行發表，期待徐老師的團隊未來在空間分析領域能有更多的作品。基於以上幾點，在此鄭重推薦本書，相信對於空間分析及台灣政治現象有興趣的讀者，閱讀此書，一定會有很大的收穫。

中研院政治所副研究員

吳親恩

目　錄

　　首先，感謝五南出版社協助出版，本書名爲《空間政治：空間分析於選舉地理與政治行爲研究之應用》，談的是怎麼選用適切的空間分析方法，來討論與我們所在環境息息相關的選舉地理與政治學議題。人以及人所在的環境，一直是選舉研究中關鍵性的因素，在作者過去幾年的研究中，嘗試從公開的調查資料，蒐集關於「人」在選舉活動中的態度與行爲；亦從政黨關係、政治版圖、省籍關係、社經地位與地理區域等，作爲人所在的「環境」表現變數，透過人與環境之間，不同空間性質變數的交互作用，來釐清影響政治地理的關鍵因素。

　　相關研究中，作者依循著空間分析方法的脈絡，從應用於政治地理測量與空間體制測量的「空間統計」（spatial statistic），到應用於空間迴歸分析與空間推論的「空間計量」（spatial measurement）；在空間統計方法的相關論文中，作者主要介紹幾種常用來作選舉研究的分析方法，像是計算空間自相關性的指數 Moran's Index，其基本的意義是量度各地區變數與其鄰近地區變數值大小的相關程度，以及變數在地理位置上的相關性，也就是冷熱區的概念。而冷熱區的意義在時間軸上的變動，也能夠用來解釋人類行爲的移動方向，是離散或聚集；再來，在空間計量方法的相關論文中，作者談的是空間迴歸模型，以及生物預測模型的應用，操作這些模型的介面，包括地理資訊系統（Geographic Information System，簡稱 GIS）、MaxEnt（Maximum Entropy Model，最大熵模型）、SPSS 等，提供給讀者更多元的分析工具參考，部分模型原先設計給自然科學或生態學相關研究者使用。近幾年，在各個領域中，地理資訊系統應用廣泛，例

如《臺灣公共衛生雜誌》有篇文章（章可藍等，2016），透過地理資訊系統的視覺化歸納，配合熱點分析及風險圖像進行區域分析，包括兩種熱點分析，辨識出三、四級毒品的聚集點特徵。其他議題，像是臺灣縣市政府貪腐現象的空間自相關分析（廖興中、呂佩安，2013）、環保抗爭與綠黨的得票率是否相關（鄧志松等，2015）？臺灣弱勢鄉鎮的空間異質性情況或臺灣老人安養機構分布的群聚現象（許旭緯，2014）相關議題等。因此，使用者在操作上，需要詳細了解模型的操作理論，適當的將跨領域的樣本與因子作轉換，成為能夠讀取與計算的形式；作者在相關研究中，將這些模型做了跨領域的使用示範，希望能提供更多元的分析工具，應用在選舉地理與政治學研究上。另外，有些新的選舉預測分析工具，如空間訊息法（spatial signals approach），是屬於 KLR 訊息法的延伸，原屬於貨幣危機預警的預測方法，也能夠對於臺灣的總統選舉結果進行檢驗（林昌平，2014）。

　　空間統計、空間計量方法，與一般的統計及計量方式不同的是，每一種變數，都包含著二維的空間資訊，這些變數可以套用不同層級的空間單元來呈現，像是「縣市」、「鄉鎮市」或是「村里」，依照所探討的議題面向，以及選舉目的的差異（全國性選舉或者是地方性選舉），選擇合適的空間尺度。除了傳統按照地理分區所劃分的不同尺度空間單元外，「選區」在選舉研究中，也是一個重要的空間單位，作者不僅是在空間統計的相關研究中使用到選區的空間單元，也因著不同屆的選舉目的，討論選區改變對於選舉研究的影響。因此，在這本書中，作者不僅是介紹空間分析方法於選舉地理上的應用，也因著不同時間軸，以空間單元上的變動作討論，探討時空異動所帶來的差異性。空間計量分析方法，不只用在選舉議題，林昌平（2015）使用空間落遲迴歸與空間 Durbin 迴歸方法，透過政治、法律與經濟等不同性質的空間網絡關係，探討國家的金融發展、經濟成長與對外債務的相互影響關係。

　　空間分析，在各個領域討論的議題上是很重要的分析工具，這些研究

中，所使用到的分析變數，皆包含空間資訊的整合，視爲「空間矩陣」。矩陣的定義與計算方式，也是空間分析法在應用時很重要的一環，且說明空間統計與空間計量分析方法，對於加入探討選舉研究與區域之間的交互作用，是必要的。除了空間分析方法的脈絡介紹外，作者提出「空間抽樣」的理論架構，是爲了解決在空間計量分析的相關論文中，所遇到關於樣本分布集中的問題，抽樣方法的重新建立，同時也讓選舉研究從總體層次的調查資料，談到個體層次的調查資料，豐富了當前抽樣資料在空間上的資訊。臺灣的選舉研究一直以來皆強調政治版圖的重要性，因此將選舉研究與空間分析整合是相當順暢的，因爲選舉研究本身與調查資料，皆強調了地域性與空間分布的概念；作者在使用調查資料操作選舉研究議題時，反過來發現，強調地域性與空間分布概念的資料，由於樣本位置的聚集性，反而讓調查資料在空間分析的使用上，產生了空間不獨立性的假設矛盾，在空間中位置不獨立的兩個樣本，所表現出來的相同選舉與政治態度，潛在受到鄰近關係影響的可能性成立，那麼在樣本的使用上，可能要對這兩筆相鄰資料做取捨。

爲了選擇符合空間獨立假設的適用樣本，作者嘗試以空間再抽樣的方式，重新整理、選用及計算有效樣本的代表機率，認爲在考量樣本間的空間關係後，所得到的樣本分析結果，會更接近眞實的選舉結果，表示：當選舉地理與政治學研究欲發展空間分析應用時，首要考量資料的空間分布特性，最理想的方式，是在抽樣設計上，以空間抽樣的設計方式選取適用的樣本，若是使用既有的調查資料，則在樣本的取用上，加入空間分布特性的考量，作資料的取捨，才能滿足與符合空間分析方法的假設前提。

以上爲作者從 2012 年開始，所依循的空間分析發展脈絡，並且陸續產出五篇學術文章，分別介紹不同的操作方式，如何帶入所關心的選舉地理與政治學研究中。作者依照研究方法操作的深度與廣度，依序列了三個主題，每一個主題都有一至兩篇代表性的示範文章。

　　第一個主題為空間統計方法，分別於第二章〈政治地理測量〉與第三章〈空間體制的測量〉：第二章〈政治地理測量〉的原文標題為〈選票的政治地理測量及其立法影響：以 2012 年臺灣大選與瘦肉精議題為例〉，這篇文章在 2012 年 5 月，於東吳大學所舉辦的「全球危機下的行政立法互動」國會研討會中首次發表，經過評委的建議與修改，文章於 2013 年投稿於《東吳政治學報》，並且在同年被接受發表；第三章〈空間體制的測量〉原文標題為〈委員會參與之空間體制的測量：以第六、第七屆立委為例〉，這篇文章是在 2013 年 5 月，在東吳大學「國會與政府體制」學術研討會中發表。

　　第二個主題為空間計量方法，分別於第四章〈空間迴歸分析〉與第五章〈空間推論〉闡述：第四章〈空間迴歸分析〉的代表文章，原標題為〈院內優秀 vs. 院外的空間條件：以公督盟第七屆立委評鑑資料為例〉，發表於 2014 年 6 月，東吳大學第六屆國會學術研討會「九月政爭後的憲政民主與國會運作」中；第五章〈空間推論〉的原文標題為〈空間推論與政治行為：最大熵方法於調查研究資料的應用，TEDS2012〉，這一篇文章曾經以〈TEDS 資料的空間化與空間推論：以 2012 年臺灣總統選舉為例〉為題，發表於 2012 年「臺灣選舉與民主化調查」國際學術研討會中，感謝評委的指教與建議，這一篇文章修改後，於 2015 年受《地理學報》接受刊登。

　　第三個主題為空間抽樣方法，這個主題在第六章〈空間抽樣〉分節說明，代表文章原標題為〈調查研究之有效空間抽樣分析——以 2010、2012 TEDS 資料為例〉，這篇文章在 2013 年臺灣政治學年會暨「東方政治學？——臺灣經驗，中國崛起及國際流變」國際學術研討會中發表，感謝評委的建議，之後修改並於 2017 年刊登於《東吳政治學報》。

　　從空間推論與空間抽樣的相關研究之後，作者認為，空間抽樣在自然科學領域中存在許久，抽樣的層面主要是以二維尺度為主。例如在一座森林中，選擇具有空間獨立性的樣點來進行物種多樣性的計算；或者

是在一塊土地上，抽樣不具有空間相關性的樣點，來取樣地層中的土壤剖面，預測整塊區域的土壤質地分布。當作者把空間抽樣的觀念引用進選舉地理與政治學時，我們發現一個問題，也是過去做調查研究時會遇到的抽樣問題：人的社會結構不像生物相、地質相，可以用二維的空間尺度來抽取樣本，人的聚落發展是逐漸呈現三維的空間分布形式，過去調查研究在操作面談訪問時，是以門牌號碼做抽樣，基於訪談的便利性，以一樓住戶為首要拜訪戶，若是一樓的住戶受訪失敗，才以二樓或三樓的住戶替補；隨著華廈與摩天大樓的興起，相鄰的兩個門牌號碼，可能包含五十戶以上的住家，而同一棟住戶的互動影響力，勢必多於不同棟之間的互動頻率。因此，單純從二維的距離來判斷樣本的空間獨立性，是不夠的。李崇瑞等（2013）在做都市中重要的空氣汙染來源時，發展新的「三維數位地理分析法」，更精確的找出高交通暴險區及其人口特徵。作者認為，選舉地理與政治學研究，關心的是「人與聚落」的行為與態度，我們的研究方法必須與時俱進，以期更符合現今人與聚落的發展形式，空間抽樣方法的發展，有從二維向三維發展的空間，這也是作者現在繼續努力的方向，期望能夠以更適切的方式來解釋選舉地理與政治學研究中，所關心的人的投票行為及政治態度。

參考書目

李崇睿、龍世俊、吳治達（2013）。〈乾淨空氣何處尋？空氣汙染暴險之人口及地理不均等分布〉，《人口學刊》，第47卷，頁1-33。

林昌平（2014）。〈空間訊息與鄰近效果：臺灣總統選舉的配適與預測分析〉，《東吳政治學報》，第32卷，第4期，頁57-123。

林昌平（2015）。〈金融發展、經濟成長與對外債務的空間分析——以政治、法律與經濟性質空間網絡探討〉，《新竹教育大學人文社會學報》，第8卷，第2期，頁61-87。

章可藍、蔡煜書、詹大千、束連文、陳娟瑜、顏正芳、余沛蓁、徐睿、蔡文瑛、陳為堅（2016）。〈地理資訊系統應用於毒品查獲空間分布：縣市毒品查獲地點的分析〉，《臺灣公共衛生雜誌》，第35卷，第6期，頁671-684。

許旭緯（2014）。〈弱勢鄉鎮與老人安養機構之探索性空間分析〉，《健康促進暨衛生教育雜誌》，第37卷，頁93-116。

廖興中、呂佩安（2013）。〈臺灣縣市政府貪腐現象之空間自相關分析〉，《臺灣民主》，第10卷，第2期，頁39-72。

鄧志松、黃嘉芳、吳親恩（2015）。〈環保抗爭與綠黨得票有關嗎？2012年立委選舉政黨票的考察〉，《選舉研究》，第22卷，第2期，頁41-69。

「空間統計方法」在自然科學領域一直被廣泛應用，近幾年，社會科學、包括政治學，也嘗試著利用空間統計方法來解釋人為活動於空間中的表現；這裡提到的「空間」，描述的是樣本與樣本之間的距離或者是鄰近關係，但是鄰近關係，是否為最具有解釋力的一項變數，仍是許多文獻所質疑的。人與人之間的互動，會因著潛在的社會及經濟背景、教育程度，甚至省籍的異同，而有著複雜且相牽連的表現。在這個章節中，作者以2012年總統與立法委員選舉結果，以及選舉活動敏感期間的立院瘦肉精議題，來說明「空間統計方法」應用於政治地理學上時，常使用的分析方式。

壹、理論架構：從選舉連結到地理連結

在民主國家中，因為有定期選舉的機制，因此，回應選民成了立法委員最重要的責任，經由「選舉連結」與「理性預期」（rational anticipation），使得民意成了影響選舉的重要因素。David Mayhew（1974）曾提出三種美國國會議員為了連任而產生的行為表現：第一種是「廣告宣傳」（advertising），議員會勤跑選區，頻頻在公共場合曝光，塑造公眾形象，以提高知名度；第二種是「訴求政績」（credit

＊ 全文已刊登於《東吳政治學報》。感謝《東吳政治學報》讓作者將此文收錄於專書中。
　徐永明、吳怡慧（2015）。〈選票的政治地理測量及其立法影響：以2012年台灣大選與瘦肉精議題為例〉，《東吳政治學報》第31卷，第4期，頁161-207。

claiming），向選民訴求其問政表現，實現多少政績等等；第三種是「採取立場」（position taking），將其對政策議題的立場，視為一種政治商品以吸引選民。在臺灣，立法委員選舉分成分區立委與不分區立委，經由不同選舉方式獲選的立法委員，其經營方式與行為表現也會不同，以上述這三種行為來說，不分區立委較傾向爭取在中央的政績訴求，而分區立委則較傾向於經營自己選區的宣傳與曝光度；這部分的討論，將會在第四章中有實例來說明。

關於選舉連結的研究，從臺灣經驗來看，則是將立法委員的立法行為由「政黨取向」加入「選區取向」的因素（盛杏湲，2000），甚至認為在選舉競爭的壓力下，「選區取向」的選舉連結考量，不但影響立委的投票行為，還包含其立法參與的密度與方向。目前的選舉安排，將同是單一席次的總統與立法委員選舉同時舉行，因此在開放瘦肉精議題上，當在野黨立委的立場一致時，便可以用在野黨的選票分布來驗證立法行為中「選舉連結」（electoral connection）的作用，也就是在野黨總統、立委選票的一致與分歧，所產生的選舉預期，對於個別執政黨立委立法行為的影響。

從時序上來看，關於立法行為與選舉競爭相關的選舉連結作用，可依選舉日期為劃分點，分為選前的選票預期與動員，以及選後的學習與壓力，按照選舉時程的影響方向，可以分為下列四種關係：

1. 選前的影響：亦即因為選舉將屆，透過立法表現來動員或者反動員（de-mobilize）選票，可以區分為：
   （1）政策動員（distributive policy）：透過選前政策表態來動員選票，鞏固或是改變選民的態度（羅清俊，2008）。
   （2）究責迴避（blame avoidance）：預期選民的負面反應來調整政策，尤其是避免選票極化的發生，可以說是對於前述政策動員的反應。

2. 選後的影響：這裡指的是選舉結果產生的選區選票資訊，對於新任立委立法行為的影響，可以分為：

（3）政治學習（updated learning）：新選舉的結果下選民的表態，提供候選人新的選區資訊，來調整其政策態度。

（4）罷免威脅（recall threat）：對立選民或政黨對現任立委的動員威脅，或是一種對於未來懲罰的避免（threat avoidance），透過立法行為的調整來避免。

以上四種選舉競爭與立法行為的因果關聯，都可以說是廣義的「選舉連結」。差別在於選舉時程的前後，以及立法行為的主動性，顯示一個序列的因果關係（sequential causal linkage），也就是選舉競爭的作用會向前（forward-link）或向後（backward-link）強化對立法行為的影響。但是從這裡，會衍生出測量偏差的問題，因為作為依變項的立委立法行為，必須是可觀察的現任立委的立法參與，雖然如前所述，立委的立法行為可以是影響選票的因素之一（吳宜侃，2005；羅清俊，2008），但其他非選區因素，如對中央執政的滿意度（陳陸輝，2006；蕭怡靖等，2010；林啓耀，2011）也會影響選舉結果，所以用後來選舉的結果來解釋之前的立法行為，在驗證上有相當的困難。雖然，羅清俊、廖健良（2009）證明即將發生的選制改革，的確會影響現任中、大選區立委的立法行為，但是對於其連任效果則尚未連結。

換句話說，如果選舉時程在後，選前立法行為是選舉結果的解釋變項之一，而非是可以用來解釋選前立法行為的主要原因。同時，越接近選舉，透過政策極化選票與究責迴避的立法行為也會發生，企圖抵銷彼此的行為差異；至於選舉後的立法行為影響，也存在學習調整與避免罷免威脅的兩種行為，層次相似但動機相異的機制。為了說明這些測量的困難以及實證分析的複雜，作者以 2012 年大選為選舉時程的分界（圖 2.1），整理 2011 年底的「老農津貼」（選前），以及 2012 年初的「瘦肉精議題」（選後）為例，實質描述上述諸種「選舉連結」的作用路徑與發生，及其在行為層次的可能表現。

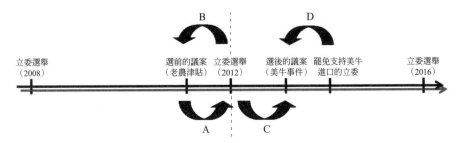

圖 2.1　2011 年底到 2012 年初，立法院重要議案與議題

　　根據立法院的議案資料，選舉敏感時期前後，有兩個較具爭議性的話題，一個是發生在 2012 年立委選舉前的「老農津貼」，另一個是「美牛事件」。「老農津貼」議案，為民進黨連署提案，透過老農津貼的加碼，是典型的政策動員選票，但是究責迴避的行為也會被啟動，政黨有動機在選前會避免過於爭議性的議題，因此，除了民進黨提案以外，無黨籍黨團與國民黨也提了相似的對案，來減少與民進黨之間的差異。根據立法院公報第 100 卷第 84 期委員會記錄，簡述各黨的立場如下：民進黨黨團提議「將老農津貼由每個月 6000 元調整為 7000 元」；無黨團結聯盟提議「將老農津貼由每個月 6000 元調整為 10000 元」；國民黨黨團則提議「將老農津貼每個月調整為 7000 元，其後每四年調整一次；有以下條件者不適用（一年度農業綜合所得達五十萬元以上，且除農業用地與農舍外，個人所有土地與房價和達五百萬元以上者）」。

　　雖然三個黨團皆提案，可是提案內容相似性很高，最後是以國民黨黨團的提議通過；但是在過程中，有三位國民黨立委提出與黨中央不同的建議：翁重鈞提議將老農津貼每個月提高到 7500 元；鍾紹和提議將老農津貼每個月提高到 10000 元；江義雄提議不納入排富條款，三者的提案內容皆更加討好選民。最後法案投票時，翁重鈞與鍾紹和投「贊成」，而江義雄則是「棄權」。這三位立委在 2012 年競選連任時，江義雄與鍾紹和落選，翁重鈞則是以些微票數險勝，爭取到連任。很顯然，這三位立委立

法行為的動機是基於「選舉連結」，在政黨彼此立場趨同的情況下，還是要凸顯與政黨的差異，雖然選舉結果多為落選，導致了選舉結果與立法行為間的「不連結」，可知越反叛黨中央的立場，越容易落選。

這並非代表「政黨取向」壓過「選區取向」，而是選舉連結啟動了，但在行為層次的觀察卻不顯著，因為選舉前各政黨避免爭議性太大議題的「究責迴避」，以及選舉結果的不確定性導致行為關係模糊，因此選舉時程前的選舉連結或許比較適合質性的討論。簡言之，圖 2.1 中的 A、B 關係都會影響「選票分布對於選前立法行為影響」上，但以老農年金案為例，在行為層次的觀察卻可能是，越反叛黨中央的立場，越容易落選的逆向關係。

至於選舉時程後的「選舉連結」則較為直接，時序清楚，作用方向一致。以圖 2.1 中 C 的關係而言，則是「選舉結果選票分布對於選後立法行為影響」，時序上的因果關係清楚，如果有 D 的作用，其產生的立法行為也不會相衝突或是相抵銷。相關的研究先驅，Sheng（1996）即以 1992 年的選舉結果，黨內與黨間的競爭關係為自變項，來檢視依變項：1993 年到 1996 年議案中，立委立法自主性，得到選區內、黨內或黨間競爭關係，與該區立委的立法自主性有顯著關係。表示在立委任期內，各階段的立法行為受到該任期選舉結果影響。[1]

因此，延續上述的討論，探討選舉時程之後的選舉連結關係，尤其在 C 與 D 兩個主要機制的運作之下，根據圖 2.1 的呈現，美牛議題比老農津貼更適合於選舉連結的研究與驗證。

美牛的議題，從扁政府到馬政府執政，已經爭議多年，是否解禁進口

---

[1] 時序接近，類似選後國民黨委員在美牛議題反叛的，另有 2012 年底退休金年終獎金議題，桃園縣六位國民黨立委（陳根德、廖正井、陳學聖、楊麗環、呂玉玲、孫大千）全是持與黨中央相反的意見，表示國民黨立委顧及到選區屬性，尤其桃園縣為眷村的大本營，基於選民的立場，國民黨立委並不會因為離下次選舉還有四年，就與黨中央表態一致。

帶瘦肉精的美國牛、豬肉及內臟的議題，不只引發消費者的反彈，還有養豬業者的強烈抗議。無論是代表消費者或者是養豬業者，能夠反映民聲並且維護本土業者權益的人，首推立法委員。但是立法委員又需要顧及所屬政黨的決策，在屆臨選舉期間，瘦肉精的議題，便不只是一個政策議題，還是一個選戰的話題。當然，當時身為在野黨的民進黨、親民黨、台聯黨等立委們，會傾向站在自己選區民眾的權益立場作考量，而屬於執政黨的國民黨立委，在於是否要呼應自己選區民眾的民意，或者是支持馬政府的政策，其立委的處境便甚為尷尬。而這些立法分歧與衝突，提供了一個適當的研究場域（setting）來驗證執政黨的立委，在何時會與行政部門的政策立場起衝突，乃至於反叛。[2] 當國民黨立委呈現出相當的立場差異時，「選舉連結」就成為解釋立法行為歧異的可能動機，尤其在國民黨中央勢必開放的堅定立場下，國民黨立委的立場偏離，乃至於與黨中央公開對抗的行為，成為選舉連結驗證的現象。

接下來，我們從「選舉連結」討論到「地理連結」（geographical connection）。由於 2012 年的選舉，是一個總統與立委合併舉行的選舉安排，因此一個立委對於選舉競爭的理解，除了立委選舉的結果之外，還有兩種選舉資訊產生：該總統選舉的選票分布以及同黨總統與立委選舉結果的差距、分裂投票（splitting-vote）的性質與幅度（蕭怡靖，黃紀，2010）；根據前述政治版圖更新（updating）的選舉連結關係，提供了三種資訊：總統、立委、總統與立委的差距，我們可以從 2012 年的總統與立委的合併選舉，以及民進黨選票分布對於國民黨立委立法行為的可能影

2　所謂國民黨立委「立法反叛」的行為初探，從新聞內容摘錄整理：2012 年 5 月開始，國民黨立委鄭汝芬在立法院社福衛環委員會審查有關美牛進口的食品衛生管理法草案會議中缺席，讓民進黨所提的「瘦肉精零檢出」版本初審通過；同年 6 月，原本反對進口美牛的國民黨立委林滄敏與張嘉郡，在於馬主席親自出席黨團大會壓力下，改口支持中央，但楊麗環與羅淑蕾仍堅持零檢出，並表示不排除投下棄權票。民進黨臺中市黨部則在 2012 年 5 月 20 日舉行「罷免支持美牛瘦肉精進口立委」集會活動，但有鑑於 7 月國際食品法會議所決議之瘦肉精的殘留標準後，民進黨團不再堅持「零檢出」，只是林淑芬仍堅持，並表示受處分無所謂。

響，衍生出三個因為選舉競爭而產生的選舉連結趨勢——

1. 不同層次選舉的競爭影響：

   選舉整併的制度安排下，在民進黨總統候選人蔡英文選票高的選區，該區國民黨當選立委會因為感覺到選區的潛在競爭壓力，而在未來會期中，會越有立法自主的趨勢。

2. 同一層次選舉的競爭影響：

   立委選舉選票分布的直接影響，在民進黨立委候選人選票低的選區，該區國民黨當選立委，會因為感覺選區安全，而在未來會期中，越不會有立法自主的趨勢。

3. 選舉層次間的分裂投票影響：

   雖然根據蕭怡靖，黃紀（2010）研究顯示，年紀輕、政治知識高、選人偏好與黨性衝突的選民越可能分裂投票；但在蔡英文選票比該區民進黨立委選票多時，也就是分裂投票且總統得票數較高、同黨立委票較少時，該區當選的國民黨立委，同時面對選票流動與選區安全的雙重作用下，其立法自主的趨勢會不顯著。

以上三個選舉競爭的影響，主要取決於總統與立委選舉同時舉行時產生的選票分布資訊，雖然立委選票分布是直接的選舉競爭資訊，但是在兩黨競爭的架構下，總統選票則呈現潛在的競爭資訊，至於兩種選票的差距影響，則是邏輯的結果，也就是說上述選舉競爭影響三，是總統選票與立委選票影響的相減結果。

但是就如 Fenno（1978）所指出的，選區並非是一個單純的地理與行政範圍，選區的結構與性質取決於候選人如何認知其政治支持的分布，因此可以分層為個人（personal）、初選（primary）、連任（reelection）與地理（geographical）等選區認知的類型。而除了 Fenno 透過質化的訪談進行的候選人主觀判斷來分層之外，Fenno（1978: 2）認為所謂最完整的「地理選區」（geographical constituency）並非只有空間的地點與範圍，

而是其人口與政治上組合（internal makeup）。這個選區地理組合的概念下，選舉地理的空間角度工具提供了可測量的指標，來分析選票多寡是否隨著空間相互關係的變化而有所改變，也就是選舉結果是否具有空間相依性（spatial auto-correlation）與空間異質性（spatial heterogeneity）等空間效果（spatial effect）。這裡廣泛使用各項空間計量模型，針對不同選舉結果、地理空間單位等資料，進行政治地理以及政治版圖的空間分析（鄧志松，吳親恩，柯一榮，2010）。而在 Fenno（1978）質化概念指導下，作者在這一章節要應用選舉地理冷熱區的概念（Lay, Chen and Yap, 2006），來探討選區內選票分布是否成為一個穩定有地理疆域的趨勢，進而形成一個約制個別立委立法行為的機制。

選舉地理中以一個地區與其鄰近地區的變數值（本章節使用的為候選人的支持率）同為高或同為低，且達顯著水準，視為「穩定區」，做為候選人「勝場」（同為高）或「敗場」（同為低）的「勢力範圍」劃分（鄧志松，2007），空間自相關模型將勝場分類為熱區、敗場分類為冷區；因此，將選舉競手的概念轉換為候選人的選區影響，量化為選舉地理的冷熱區概念時，則有以下衍生的假設——

　假說一：當在英文選票的熱區出現在該選區時，該區國民黨立委當選人越有立法自主（立法反叛）的趨勢。

　假說二：當民進黨立委候選人選票的冷區出現在該選區時，該區國民黨立委當選人越不會有立法自主（立法服從）的趨勢。

　假說三：蔡英文選票比該區民進黨立委候選人選票多的熱區出現在該選區時，該區國民黨立委當選人立法服從或反叛的趨勢較不明顯。

為了驗證這三個「地理連結」假設是否成立，接下來，作者先進行民進黨選票的空間分析，亦即選區內部的政治地理組合（internal makeup），區分總統、立委與一致分歧選票冷、熱區，進行四種空間關

係的驗證，再針對「地理連結」的機制進行驗證。

　　空間分析中，自變項的測量，如 Tobler（1970）的「地理學第一定律」認爲：每一個事件的發生，與所在地區有絕對的關聯性，且這種關聯性會隨著距離的增加而遞減。此等事件的發生，所夾帶的空間因素，主要表現在空間自相關與空間異質性上。

　　空間自相關指的是空間單元受到鄰近地區影響的強弱，當觀察值之間存在著空間自相關性時，表示觀察值不獨立，且觀察值與觀察值之間的相關程度，會隨著距離的遠近而不同。距離越近，相關性越強；距離越遠，相關性越弱，樣本的相關強度與鄰近關係有關，與絕對位置無關。而空間異質性，則是指空間區位的差異性，造成所觀察的現象不恆定。

　　選舉也是一種事件，即使選舉所產生的結果只有一個，但是不同地區，對於不同候選人的支持率是不一致的，作者以 2012 年總統選舉以及立委選舉爲主要討論的選舉事件，將 358 個鄉鎮市定義爲空間單元，候選人的支持率（得票數／有效票數）爲屬性資料，探討選舉事件的空間自相關，圖 2.2 爲「蔡英文支持率」、「民進黨立委支持率」、「蔡英文與立委支持率差異」的分布圖。

　　在這裡，作者對於鄰近關係的界定，係以距離門檻值來定義「鄰近」與「非鄰近」，觀察值所代表的行政區，若行政界線有重疊，則稱之爲「鄰近」，其餘則不是。因此屬於「鄰近地區」的觀察值有一個鄰近變數，變數值爲各鄰近樣本屬性值（本文指的是支持率）的加權平均。以 X 表示原始變數（支持率），以 Y 表示鄰近變數，空間自相關性即是衡量 X 與 Y 之間的相關程度。

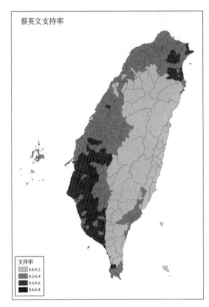

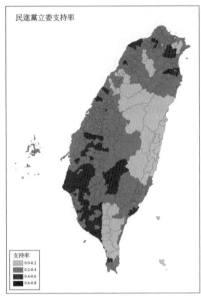

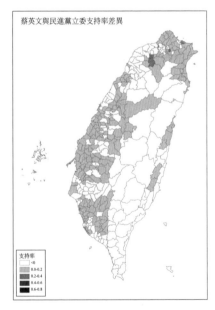

圖 2.2　蔡英文支持率、民進黨立委支持率、蔡英文與民進黨立委支持率差異
　　　　分布圖

貳、空間分析方法介紹

一般以 Moran's Index 來計算空間自相關性，其基本的意義是量度各地區變數與其鄰近地區變數值大小的相關程度：

$$I = \frac{n}{\sum_{i=1}^{n}\sum_{j=1}^{n}W_{ij}} \frac{\sum_{i=1}^{n}\sum_{j=1}^{n}W_{ij}\left(x_i - \bar{x}\right)\left(x_j - \bar{x}\right)}{\sum_{i=1}^{n}\left(x_i - \bar{x}\right)^2}$$

上式中，n 表示所觀察的樣本數，x_i 與 x_j 為樣本 i 與樣本 j 的變數值，W_{ij} 為樣本 i 與樣本 j 的鄰近關係矩陣。根據 Moran's Index 值的大小，可分成三種解釋意義：第一，Moran's Index 值大於 0，代表空間相鄰的地區擁有相似的屬性資料，無論屬性值高或低，皆形成聚集。第二，Moran's Index 值小於 0，代表空間相鄰的地區，彼此間的屬性資料差異很大。第三，Moran's Index 值等於 0，代表空間相鄰的地區，彼此的屬性資料沒有相關性，此時空間分布有兩種情形：一種是隨機分布，一種為各空間單元的屬性值趨近於平均值，表示資料在空間分布呈現均質狀態。

將每一個空間單元的原始變數值 X 標準化後為橫軸，相應的鄰近變數 WX 標準化後為縱軸，點在圖面上，便是 Moran's I 散布圖；Moran's I 散布圖的四個象限各代表不同的意義：第一象限表示目標樣本的支持率大於平均值，且鄰近地區的支持率也是；第二象限表示目標樣本的支持率小於平均值，但鄰近地區的支持率大於平均值；第三象限表示目標樣本的支持率小於平均值，且鄰近地區的支持率也是；第四象限表示目標樣本的支持率大於平均值，但鄰近地區的支持率卻小於平均值。第一與第三象限在空間上屬於穩定地區，而第二與第四象限則屬於不穩定地區，因為本身與鄰近的支持率不同，亦稱為空間上的歧異值（outliers）。

作者試作「蔡英文支持率」、「民進黨立委支持率」及「蔡英文與民進黨立委支持率差異」的空間自相關性，得到各自的 Moran's I 分布圖（圖 2.3）：

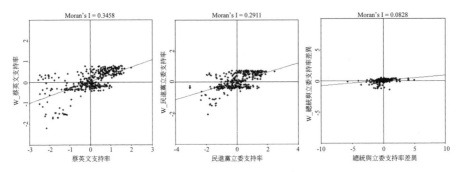

圖 2.3　Moran's Index 分布圖

　　Moran's I 散布圖的迴歸線斜率即是 Moran's I 指數，可用來觀察變數與其鄰近地區的關係，根據圖 2.3，「蔡英文支持率」、「民進黨立委支持率」及「總統與立委支持率差異」的 Moran's I 皆大於 0，表示整體而言，支持率有聚集的表現，且這三種情形的空間自相關值為正相關；尤其「蔡英文支持率」所得到的 Moran's I 最大，表示在「鄰近關係」影響下，「蔡英文支持率」較「民進黨立委支持率」相關程度高，聚集的強度較強，而「總統與立委支持率差異」則是最差。

　　過去我們認為，臺灣的政治型態粗略分為「北藍南綠」，但是影響著「北藍南綠」的原因，真的單純只是地理因素嗎？鄧志松（2007）在〈選舉的空間因素：以三次總統選舉為例〉一文中提到：選舉的結果，「地理位置」的影響極可能只是假象，我們應致力於找到其它「真正的」變數，把「地理位置」這個因素解釋掉。Lin et al.（2006）在解釋鄰近效應對於臺灣人民國家認同的影響時，除了以地理位置為因素外，也使用了「職業」此非地理因子因素來解釋。Beck（2006）則表示，相較於過去大多數政治科學的應用仍然基於地理距離的概念，認為以空間計量分析時間序列的資料更為合理。這兩者皆是在地理因子之外，選擇其他非地理因子來做空間分析。因此，本文延續徐永明、林昌平（2012）的作法，在討論蔡英文與民進黨立委支持率的空間自相關性時，除了使用傳統的「鄰近關係」

作為關係矩陣，也嘗試使用其他變數，例如「區域版塊」、「社經地位」或「省籍關係」來解釋支持率的空間分配。

雖然使用了不同名稱的變數，其實，「區域版塊」、「社經地位」與「省籍關係」，同樣是以「相鄰」與「非相鄰」來界定。「區域版塊」是考慮到東半部與西半部的差異，無法從水平距離來區別，因此加上三維地形阻隔為考量，將臺灣分成六大版塊：北北基宜、桃竹苗、中彰投、雲嘉南、高高屏以及花東。屬於同一個區域版塊的樣本，則定義為「相鄰」，其餘則為「不相鄰」。

「社經地位」則是根據黃秀端等人（2009）的分層邏輯，依照人文區為變數做因素分析整理後分層，變數包括：人口密度、大專畢業以上人口比例、農漁戶數比例、工廠登記家數、自來水普及率、稅課收入、歲計支出、教科文支出／人口、人口／醫生、六十五歲以上人口比例、遷入人口比例、遷出人口比例、人口流動比例及青壯年（二十至三十九歲）人口比例等十四項，共分為八層。樣本為同一層社經地位者，定義為「相鄰」，其餘則為「不相鄰」。

同樣的，「省籍關係」是根據王甫昌（2002），將臺灣 358 個鄉鎮市按照各縣市區分以及所屬的族群接觸機會地區，分為：原住民集中區、客家人集中區、閩南人絕對優勢區、外省人較多區、閩南人與客家人較多區、閩南人與外省人較多區、及混合區等七種；樣本歸類為相同的省籍關係者，定義為「相鄰」，其餘則為「不相鄰」。

由於這裡的「相鄰」並不是空間上的距離，而是指有相同的人文面向，因此我們定義「相鄰」的樣本，彼此間的關係為「1」；「不相鄰」的樣本，則彼此間的關係為「0」。

透過以上四種關係矩陣的測量，選擇最具有解釋力的一種，來定義「相鄰地區」，並且根據區域型空間自相關的分析，了解地區與相鄰地區的聚集型態，是屬於熱區（HH）、冷區（LL）、冷熱區（LH）、熱冷

區（HL）（鄧志松，2007）。

　　每一種矩陣關係都能夠得到一個 Moran's Index，表示各地支持率在此矩陣關係影響下的空間自相關程度，但是 Moran's I 為呈現變數整體的空間分布特性，是「聚集」、「發散」或「隨機分布」，如果要了解各單獨地區與其鄰近地區的相關關係，則可以進一步計算 Local Moran's Index。Local Moran's I 是 Anselin（1995）根據 Moran's I 延伸出來的方法：區域型空間自相關（Local spatial auto-correlation），同時處理區位和屬性資訊，得到每一個樣本的 Local Moran's I，提供一個描述空間分布的資料形式，呈現統計上具有正負顯著性的聚集區域，即為熱點（hot spot）與冷點（cold spot），是具有空間上的分布意義。

　　Local Moran's I 是衡量樣本與鄰近地區相關程度的指標，Local Moran's I 值為正代表正相關，為負代表負相關，其定義為：

$$I_i = \frac{x_i - \overline{x}}{\sum\limits_{i=1}^{n}\left(x_i - \overline{x}\right)^2} \sum\limits_{j=1}^{n} W_{ij}\left(x_i - \overline{x}\right)\left(x_j - \overline{x}\right)$$

　　Local Moran's I 能夠知道聚集區域在空間中的分布位置，並且每一個樣本皆會得到一組數值：Local Moran's Index value、Z score、P-value，以及 cluster type。Local Moran's I 可藉由 Z score 的檢定（如下式），在一定的顯著水準下，判斷結果是否為隨機分布。[3]

$$Z(I) = \frac{I - E(I)}{\sqrt{\text{var}(I)}}$$

---

[3] E(I) 為 Local Moran's I 的期望值，var(I) 為變異數，虛無假設（null hypothesis, Ho）為隨機分布，對立假設（alternative hypothesis, Ha）為非隨機分布。在一個常態分布之下，信賴區間 95% 以內、標準偏差介於 −1.96 與 1.96 之間，為接受虛無假設，Z score 即是標準偏差值，為 −1.96 與 1.96 之間，此時的 P-value 為 0.05，表示不顯著；當 Z score 值越大，大於 1.96 或小於 −1.96，此時的 P-value 則越小，小於 0.05，表示拒絕虛無假設，樣本呈現統計上的顯著性熱點（hot spot）或者統計上的顯著性冷點（cold spot）。

　　因此，在不同矩陣 W_{ij}（矩陣包括「鄰近關係」、「區域版塊」、「社經地位」與「省籍關係」）的影響下，各樣本會先被分層，同一層當中，若各空間單元的屬性值差異較大，則各空間單元得到的趨近於 I_i 零，表示在這一個分層當中，屬性值無顯著相關，故不呈現聚集反應。若分層內的屬性值偏高，則高於平均值的空間單元所得到的 I_i 為正，且屬性值越高，I_i 越大，為這一分層中的聚集，稱為熱區；屬性值低於平均值者，I_i 為負，表示為此一分層中的極端值，稱為冷熱區。若分層內的屬性值偏低，則低於平均值的空間單元其為 I_i 正，且屬性值越低，I_i 越大，為這一分層中的聚集，稱為冷區；而屬性值接近於平均值者，I_i 趨近於零，表示相關性不顯著，不呈現聚集；屬性值高於平均值者，I_i 為負，表示為此一分層中的極端值，稱為熱冷區。

　　作者以「蔡英文的支持率」、「民進黨立委的支持率」與「總統與立委支持率差異」為屬性資料，做兩種選舉及兩種選舉之間差異的區域型空間自相關分析，並探討這兩種選舉在空間上的分布型態，進一步觀察政治地理冷熱區是否對立委的立法行為有所影響。

　　立法委員的立法參與有兩個面向：方向與強度（盛杏湲，1997）。方向上，研究指出立法委員的代表型態自 1980 年代中期以後，有自「政黨取向」轉為「選區取向」的趨勢，當立委越仰賴選區的力量才能當選時，立委會較重視選區服務，故政黨取向的立委較選區取向的立委忠於政黨的立法領導（盛杏湲，2000）。以本文所探討的美牛事件來看，選區取向的國民黨立委，在立法自主性較強。

　　強度上，排除非正式立法的參與，以立委正式立法參與的行為研究對象（盛杏湲，2001）。在美牛議題的立法過程中，本文認為，反叛的程度上，「提案」的立場宣示（position taking）最強，代表行政與立法的衝突最大；其次為「連署」，代表對不同於行政部門立場的支持與同意；至於不表態則可視為立場與行政部門一致，或是願意採取一致的立場。

　　這三個立法行為的差異，可以界定為執政黨立委立法自主性的強度，或是與行政部門立場的歧異程度。表 2.1 為國民黨立委對修法「瘦肉精檢出」相關法案提案連署的立場表態。這裡以立法的方向為測量對象，提案人表示與黨內的立場相對；連署人為相對；未表態則表示相同。

表 2.1　國民黨立委對修法「瘦肉精檢出」相關法案提案連署的立場表態

黨籍	提案人	連署人	未表態
國民黨立委	鄭汝芬、張嘉郡、陳超明、楊瓊瓔、丁守中、蔣乃辛、羅淑蕾、李慶華、林滄敏、陳淑慧*	黃昭順、徐耀昌、林明溱、王廷升、王進士、張慶忠、徐欣瑩、李鴻鈞、陳根德、呂學樟、黃志雄、林德福、馬文君、楊麗環、呂玉玲、盧嘉辰、盧秀燕、孔文吉*、蘇清泉*、吳育仁*、簡東明*、曾巨威*、陳碧涵*、詹凱臣*、廖國棟*、楊玉欣*、潘維剛*	吳育昇、謝國樑、林郁方、林鴻池、羅明才、蔡正元、翁重鈞、賴士葆、費鴻泰、孫大千、陳學聖、廖正井、江啓臣、林國正、蔡錦隆、江惠貞、紀國棟*、邱文彥*、王金平*、洪秀柱*、陳鎮湘*、楊應雄*、李貴敏*、鄭天財*、徐少萍*、王育敏*
63席	10人	27人	26人

* 為不分區立委　資料來源：作者自製

參、研究發現：總統與立委選票的空間分析及選票差異的空間分配

　　首先，我們做蔡英文選票的空間分析，計算蔡英文支持率在四種關係矩陣：「鄰近關係」、「區域版塊」、「社經地位」與「省籍關係」分層下的 Moran's I，得到各矩陣影響下的 Moran's I 散布圖（圖 2.4、圖 2.5）以及 Moran's Index（表 2.2）。

　　Moran's I 散布圖有四個象限，第一與第三象限內的鄉鎮市，在空間上屬於「穩定地區」，第一象限表示目標鄉鎮市的支持率大於平均值，且鄰近地區的支持率也是，是所謂的「熱區」，簡單的說，就是蔡英文贏得較多票數的「勝場」。以「省籍關係」的圖來看（圖 2.4），第一象限內

（省籍關係）

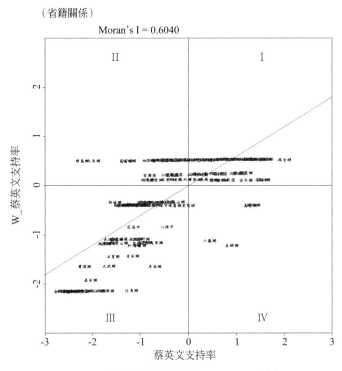

圖 2.4　蔡英文支持率的 Moran's I 散布圖

所出現的鄉鎮市，在地理上主要分布在西南部與宜蘭縣，且這些鄉鎮市的變數值比較集中；第三象限則表示目標鄉鎮市的支持率小於平均值，且鄰近地區的支持率也是，為所謂的「冷區」，也是蔡英文的「敗場」，這些鄉鎮市的地理位置則分布在中央山脈沿線與東半部，且變數值比較分散。第二與第四象限內的鄉鎮市，在空間上屬於「不穩定地區」，第二象限表示目標鄉鎮市的支持率低於平均值，但鄰近地區的支持率卻高於平均值，為所謂的「冷熱區」，以空間上來看，這些鄉鎮市是散落在蔡英文的勝場當中；第四象限則表示目標鄉鎮市的支持率高於平均值，但鄰近地區的支持率卻低於平均值，為所謂的「熱冷區」，在空間分布上，這些鄉鎮市則是鄰近蔡英文的敗場。

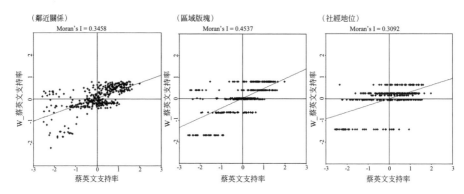

圖 2.5　蔡英文支持率的 Moran's I 散布圖

表 2.2　以蔡英文支持率做出的四種 Moran's Index

矩陣關係	鄰近關係	區域版塊	社經地位	省籍關係
I	0.345*	0.454*	0.309*	0.604*

* 表示 p-value < 0.001，為顯著

　　從 Moran's I 為正或負判斷（表 2.2），四種關係矩陣，「鄰近關係」、「區域版塊」、「社經地位」與「省籍關係」對於蔡英文支持率的空間自相關性，影響皆是顯著的，表示整體支持率的分布特性為「聚集」，但所表現聚集的強度不同，「省籍關係」造成的聚集強度最強，其次是「區域版塊」，「鄰近關係」的影響雖然是顯著的，但與前兩者相比，聚集強度並不是最明顯。

　　在不同關係矩陣的分層影響下，支持率呈現聚集的區域，主要是圖 2.4、圖 2.5 中第一與第三象限內的鄉鎮市，而這些鄉鎮市空間位置，則可以從 Local Moran's I 的計算中得到，本文根據上段結果，以解釋力最好的「省籍關係」為關係矩陣，進行區域型空間自相關分析，並且將四種聚集型態以分布圖表示於圖 2.6，其中熱區主要分布於西南部及北部的宜蘭縣，冷區則是中央山脈沿線的鄉鎮市及東半部。

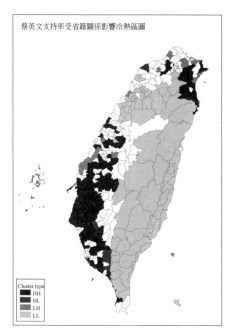

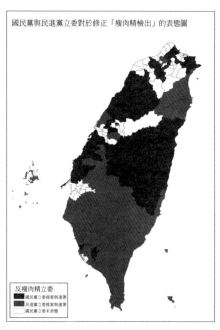

圖 2.6　計算每個鄉鎮市在「省籍」關係矩陣影響下的區域型空間自相關程度，並根據聚集型態繪圖（詳細資料請參考附錄一），從圖面上了解蔡英文支持率的熱區與冷區所分布的地理位置

圖 2.7　將國民黨與民進黨區域立委，依照「瘦肉精檢出」法案立場的自主性高低分成：提案與連署人、及未表態兩種，並對應各立委所屬鄉鎮市，繪製表態分布圖（區域立委所屬鄉鎮市資料請參考附錄一）。

　　從熱區與冷區的位置，可以得到蔡英文支持率較高與較低區域，接著我們以修法「瘦肉精檢出」相關法案提案的連署委員名單中，根據區域立委所屬的鄉鎮市，對應「瘦肉精檢出」相關法案的立場，畫出空間上的表態分布圖（圖 2.6）。並討論蔡英文支持率的熱區或冷區，是否影響國民黨區域立委在立法行為上所表現的自主性。

　　根據表 2.1，國民黨區域立委在連署委員名單中占 43 席，其中 10 人爲提案人，17 人爲連署人，16 人未表態，依照表態的類型，本文認爲提案人在立法行爲上的自主性最高，未表態者則最低，因此在計算自主性時，考慮強度與方向，以得分來量化，區域立委立場爲提案人計以三分，爲連署人計以二分，未表態則是一分，以人數乘上立場配分後累加，所得到的值爲各聚集型態的加權得分值，因此 X 軸代表選區的冷熱狀況，Y 軸則是立委自主性的強度（圖 2.8）。

　　這些區域立委所屬的鄉鎮市共 179 個，占全臺灣 358 個鄉鎮市的一半，將 179 個鄉鎮市挑選出來，並根據前述以「省籍關係」所計算出的聚集型態，將熱區與冷區的鄉鎮市個數，依不同的表態方式分類，呈現國民黨立委態度差異與蔡英文選票冷熱區之間的關係，整理爲表 2.3。[4]

表 2.3　修法「瘦肉精檢出」相關法案委員選區內蔡英文支持率爲熱區的比例

	聚集型態		
	冷區	其他	熱區
國民黨提案人 （10人占54個鄉鎮市）	1	3	6
國民黨連署人 （17人占72個鄉鎮市）	6	7	4
國民黨未表態 （16人占53個鄉鎮市）	3	7	6
R-square		0.8547	

---

[4] 各鄉鎮市在省籍關係分層下，會以熱區、冷區等來代表這個鄉鎮市對於蔡英文支持率的反應，由於每個選區內有數個鄉鎮市，各鄉鎮市的聚集型態並不一致，因此本文先量化聚集型態，再以總得分判斷這個選區整體反映爲蔡英文支持率的熱區、冷區或其他；型態爲HH者，給予1分；HL，給予0.5分；LL爲-1分；LH則是-0.5分；不顯著者則爲0分。最後加總起來爲正者是爲熱區，爲負者視爲冷區，零則歸類爲其他。

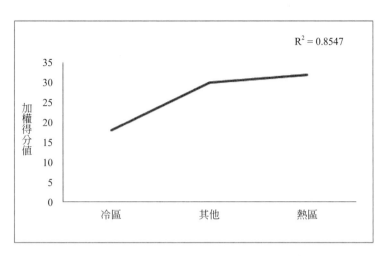

圖 2.8　不同聚集型態下，立委人數與立場乘積的加權平均值分布圖

　　我們認為，國民黨立委對於「瘦肉精檢出」的爭議行為，與所處支持率的熱、冷區有關，如表 2.3，在蔡英文支持率的熱區裡，表態為提案人或未表態者為多數，人數比幾乎各占一半，連署人則為少數；但是在蔡英文支持率的冷區，國民黨立委為連署人則占了 82%，表示國民黨立委於蔡英文支持率的熱區，可能為了順應民意，積極表態為提案人，或者是不想違背政黨的意見，也不反對民意，消極的不表態。但是在蔡英文支持率的冷區，相對的，為國民黨支持率較高的區域，則積極表態為提案人的比例降低，多數只是連署人，自主性不高。

　　在「瘦肉精檢出」的例子裡，我們最關切的是提案人與所屬選區為蔡英文選票冷熱區之間的關係，因為提案人的立場較為確定，用來評斷自主行為是比較恰當的，因此，表 2.3 中，若單看提案人與蔡英文選票冷熱區的關係，可以發現提案人所屬選區為蔡英文選票熱區的人數最高，為蔡英文選票冷區的人數最少。

　　最後，我們將所屬鄉鎮市的聚集型態，與國民黨區域立委的表態行

爲做線性迴歸，得到 R-square 值爲 0.8547（圖 2.8），表示「當蔡英文選票的熱區出現在該選區時，該區國民黨立委當選人越有立法自主（立法反叛）的趨勢」的假設成立，並且該選區內對於蔡英文支持率越冷時，自主性比其他地區低。

再來，我們做民進黨立委選票的空間分析，計算民進黨立委支持率在四種關係矩陣：「鄰近關係」、「區域版塊」、「社經地位」與「省籍關係」分層下的 Moran's I，得到各矩陣影響下的 Moran's I 散布圖（圖 2.9、圖 2.10）以及 Moran's Index（表 2.4）：

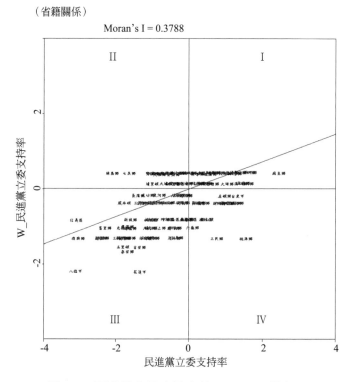

圖 2.9　民進黨立委支持率的 Moran's I 散布圖

　　以「民進黨立委支持率」受省籍關係影響的 Moran's I 散布圖來看（圖 2.9），第一象限為所謂的「熱區」，為民進黨立委的「勝場」，鄉鎮市的變數值比較集中；第三象限為所謂的「冷區」，為民進黨立委的「敗場」，則變數值比較分散。與「蔡英文的支持率」的 Moran's I 散布圖相比（圖 2.4），「民進黨立委支持率」的熱區與冷區都比較集中。

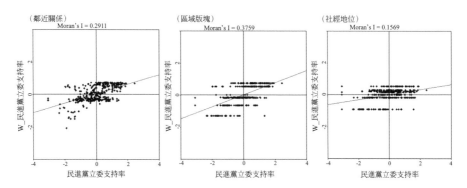

圖 2.10　民進黨立委支持率的 Moran's I 散布圖

表 2.4　民進黨立委支持率的 Moran's I

矩陣關係	鄰近關係	區域版塊	社經地位	省籍關係
I	0.291*	0.376*	0.157*	0.369*

* 表示 p-value < 0.001，為顯著

　　從 Moran's I 為正或負判斷（表 2.4），四種關係矩陣：「鄰近關係」、「區域版塊」、「社經地位」與「省籍關係」對於民進黨立委支持率的空間自相關性，影響皆是顯著的，表示整體支持率的分布特性為「聚集」，但所表現聚集的強度不同，「區域版塊」與「省籍關係」造成的聚集強度較強，「鄰近關係」的影響雖然是顯著的，但與前兩者相比，聚集強度並不明顯。

　　根據圖 2.9、圖 2.10 各 Moran's I 散布圖，我們以解釋力較好的「省

籍關係」為關係矩陣，繼續進行「民進黨立委支持率」的區域型空間自相
關分析，並且將四種聚集型態以分布圖表示於圖 2.11，其中熱區主要分布
於西南部及北部的宜蘭縣，冷區則是中央山脈沿線的鄉鎮市、花蓮縣與部
分臺東縣。

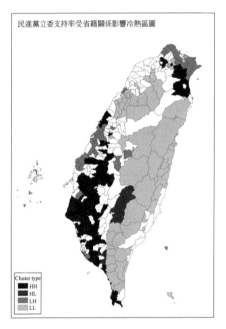
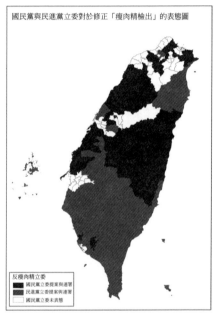

圖 2.11　計算每個鄉鎮市在「省籍」關係矩陣影響下的區域型空間自相關程
　　　　　度，並根據聚集型態繪圖（詳細資料請參考附錄一），從圖面上了
　　　　　解民進黨立委支持率的熱區與冷區所分布的地理位置。

　　同樣的，我們比較在民進黨立委支持率的熱區與冷區中，國民黨區域
立委對於修正「瘦肉精檢出」的法案，其表態意識是否有自主性的差異。
並根據前述以「省籍關係」所計算的聚集型態，將熱區與冷區的鄉鎮市個
數，依不同的表態方式分類，整理為表 2.5：

表 2.5 修法「瘦肉精檢出」相關法案委員選區內民進黨立委支持率為冷區的比例

	聚集型態		
	冷區	其它	熱區
國民黨提案人 （10人占54個鄉鎮市）	6	2	2
國民黨連署人 （17人占72個鄉鎮市）	6	8	3
國民黨未表態 （16人占53個鄉鎮市）	10	2	4
R-square	0.9643		

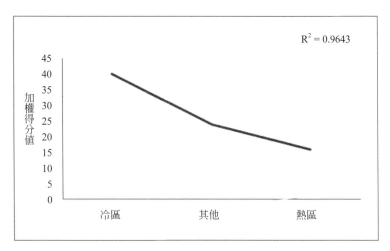

圖 2.12 不同聚集型態下，立委人數與立場乘積的加權平均值分布圖

然而在「民進黨立委支持率」的熱區，國民黨立委未表態者將近二分之一，連署人約三分之一，提案人則不到四分之一；在「民進黨立委支持率」的冷區，國民黨立委為未表態的比例接近半數，其次式提案人及連署人，人數一樣。表示國民黨立委無論在民進黨立委支持率的熱區或冷區，多數委員是未表態的；而國民黨立委表態為提案人的比例，在民進黨立委

支持率的冷區比熱區稍高，但都不超過三成。

　　我們將所屬鄉鎮市的聚集型態，與國民黨區域立委的表態行為做線性迴歸（圖2.12），得到R-square值為0.9643，與本文第二個政治地理連結「當民進黨立委候選人選票的冷區出現在該選區時，該區國民黨立委當選人越不會有立法自主的趨勢」的假設不同，本文認為在民進黨立委支持率的冷區，國民黨立委的自主性較兩極，但仍以未表態為多數，表示國民黨立委立法服從的比例仍是較多、較不會有立法自主性。

　　最後，在蔡英文與民進黨立委支持率差異的空間分析中，我們計算總統與立委支持率差異在四種關係矩陣：「鄰近關係」、「區域版塊」、「社經地位」與「省籍關係」分層下的Moran's I，得到各矩陣影響下的Moran's I散布圖（圖2.13、圖2.14）以及Moran's Index（表2.6）：

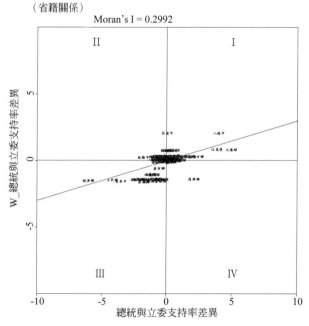

圖2.13　總統與立委支持率差異的 Moran's I 散布圖

　　「總統與立委支持率差異」是由「蔡英文支持率」減去「民進黨立委支持率」而來的，因此在 Moran'sI 散布圖中（圖 2.13），各鄉鎮市的變數值會比前兩者集中。可以看到，在第一象限為所謂支持率差異的「熱區」，是蔡英文支持率比民進黨立委支持率高的區域，除了八德市、信義區與大溪鎮較為分散以外，其他鄉鎮市的變數值皆很集中；第三象限為是支持率差異的「冷區」，為民進黨立委支持率較蔡英文支持率高的區域，除了桃源鄉、臺東市與三民鄉較分散外，其餘鄉鎮市的變數值則較為集中。

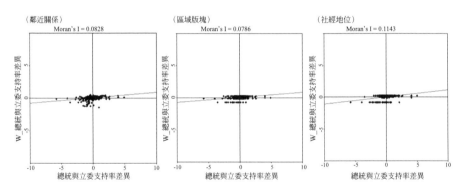

圖 2.14　總統與立委支持率差異的 Moran's I 散布圖

表 2.6　總統與立委支持率差異的 Moran's I

矩陣關係	鄰近關係	區域板塊	社經地位	省籍關係
I	0.083*	0.079*	0.114*	0.299*

* 表示 p-value < 0.001，為顯著

　　Moran's I 是討論選舉事件下，支持率的分布型態（pattern）是否有呈現聚集，在以上的討論中，我們得到：「蔡英文支持率」、「民進黨立委支持率」與「總統與立委支持率差異」的分布是有產生聚集的，並且，無論是從「地理位置」或是其他「社經地位」、「省籍關係」的面向來看

皆顯著，只是「地理位置」並不是解釋聚集發生的最主要因子，在這一章
節的討論中，我們得到「省籍關係」仍是最具有解釋力。

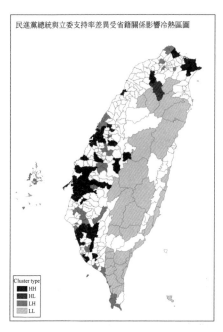

圖 2.15　計算每個鄉鎮市在「省籍」關係矩陣影響下的區域型空間自相關程
　　　　度，並根據聚集型態繪圖（詳細資料請參考附錄一），從圖面上了
　　　　解總統與立委支持率差異的熱區與冷區所分布的地理位置。

　　根據圖 2.13、圖 2.14 各 Moran's I 散布圖，同樣以解釋力最好的「省
籍關係」為關係矩陣，繼續進行「總統與立委支持率差異」的區域型空間
自相關分析，並且將四種聚集型態以分布圖表示於圖 2.15，其中熱區主
要分布於彰化縣、雲林縣、嘉義縣與高雄市，以及北部的新北市；冷區則
是中央山脈沿線的鄉鎮市，部分花蓮縣與部分臺東縣。

　　在比較總統與立委支持率差異的熱區與冷區中，國民黨區域立委對於

修正「瘦肉精檢出」的法案，其表態意識是否有不同自主性。並根據前述以「省籍關係」所計算出的聚集型態，將熱區與冷區的鄉鎮市個數，依不同的表態方式分類，整理為表 2.7：

表 2.7　修法「瘦肉精檢出」相關法案委員選區內總統與立委支持率差異為熱區的比例

	聚集型態		
	冷區	其他	熱區
國民黨提案人（10人占54個鄉鎮市）	0	4	6
國民黨連署人（17人占72個鄉鎮市）	2	12	3
國民黨未表態（16人占53個鄉鎮市）	2	8	6
R-square		0.3899	

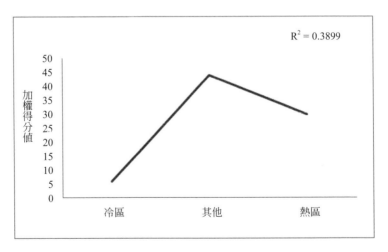

圖 2.16　不同聚集型態下，立委人數與立場乘積的加權平均值分布圖

　　最後，我們看「民進黨總統與立委支持率差異」的比較（表 2.7），熱區與冷區皆是民進黨票數分裂的區域。首先看熱區，所屬鄉鎮市爲總統的支持率高於立委的支持率，在這個區域內，國民黨立委表態分爲兩極，表態爲提案人與未表態者的比例相當，若加上連署人的比重，則在熱區中，國民黨立委的自主性是較高的；接著看冷區，爲總統支持率低於立委支持率的區域，在這個區域中，國民黨立委未表態與表態爲連署人各占一半，但沒有表態爲提案人，自主性較低。

　　雖然以圖 2.16 來看，我們將所屬鄉鎮市的聚集型態，與國民黨區域立委的表態行爲做線性迴歸，得到 R-square 值爲 0.3899，民進黨選票分裂的熱區，立委立法行爲的自主性較冷區高，尤其，大部分的提案人，其選區爲民進黨總統與立委選票差異的熱區，而沒有提案人的選區爲冷區，但是在民進黨總統與立委選票差異的熱區中，國民黨立委未表態的比例也將近一半，這部分可以表示「蔡英文選票比該區民進黨立委候選人選票多的熱區出現在該選區時，該區國民黨立委當選人立法服從或反叛的趨勢較不明顯」，第三個政治地理連結假設仍然成立。

肆、結論

　　選舉屬於人類行爲的一種，人類行爲的表現會因爲所處的環境而改變，傳統上，我們認爲環境與樣本所處的地理位置有關，因此，空間分析的重點之一，便是了解樣本如何受到鄰近地區的影響，然而定義「鄰近地區」的方法很多，舉凡將距離門檻值設低，或是限制樣本周圍數個地區才稱爲「鄰近」。當對於「鄰近地區」的定義越嚴格，則空間相關性便越高，因此以「距離」來解釋事件發生的空間特性，並不是最好的方法。本文嘗試用其他的面向，如「區域版塊」、「社經地位」與「省籍關係」，來代替地理上的「距離」，發現對於候選人支持率的空間分布，反而有更

強的解釋力。

　　文中許多結果顯示「區域版塊」與「省籍關係」的解釋力最好，其實「區域版塊」某種程度上也代表著「省籍」的分布，只是「省籍關係」的分類更精準，更能代表各鄉鎮市的人文特質，因此，無論在「蔡英文支持率」、「民進黨立委支持率」或「蔡英文與立委支持率差異」的討論中，「省籍關係」都更能貼切地解釋選民的行為表現。

　　由於全域型空間自相關只是呈現變數整體的空間分布特性，為「聚集」、「發散」或「隨機分布」，如果要了解各單獨地區與其鄰近地區的相關關係，需要以區域型空間自相關來分析，並根據聚集型態熱區或冷區，區分出兩種不同的聚集情形，這些區域在空間上是較為穩定的地區，用來檢視國民黨區域立委的立法行為，是較為恰當的。

　　在這個章節中，作者所引用的研究，只是一個初步的嘗試，改變過去以「地理位置」來解釋空間特性，認為傳統歷史資料、人文社經或省籍等因素，更能夠代表人類行為的表現，當然，不同的研究題材，所考慮的人文條件也不一樣，甚至不同的聚集情形，也不全然受到同一個人文條件的影響，希望藉由本研究的拋磚引玉，讓後續研究在選擇「空間變數」時，能引用更具解釋力的參數。

　　文章以最近的修法事件「瘦肉精檢出」為例，討論國民黨區域立委在立法行為上的自主性，在民進黨支持率的熱區與冷區中，是較高或者較低。

　　臺灣共有 358 個鄉鎮市，國民黨立委所占鄉鎮市為 179 個，剛好過半，而這 179 個鄉鎮市包含「蔡英文支持率」的熱區與冷區，或「民進黨立委支持率」的熱區與冷區，我們認為，國民黨立委對於「瘦肉精檢出」的爭議行為，與所處支持率的熱、冷區有關。

　　回顧本章節開始時，對於「地理連結」的三個假設，推演民進黨選票分布，對於國民黨立委立法行為的可能影響——

假說一：當在英文選票的熱區出現在該選區時，該區國民黨立委當選
　　　　人越有立法自主（立法反叛）的趨勢。

假說二：當民進黨立委候選人選票的冷區出現在該選區時，該區國民
　　　　黨立委當選人越不會有立法自主（立法服從）的趨勢。

假說三：蔡英文選票比該區民進黨立委候選人選票多的熱區出現在該
　　　　選區時，該區國民黨立委當選人立法服從與反叛的趨勢較不
　　　　明顯。

　　表 2.8 則將國民黨立委的立法行為與政治地理冷熱區進行簡單的線性
迴歸，來驗證這三個政治地理連結的假說，初步觀察是：

　　首先，關於假設一的預期，表2.8資料支持這樣的說法（$R^2 = 0.8547$），
代表冷熱區分布與國民黨立委的行為並非相互獨立，政治地理分布相當程
度影響立法行為。雖然熱區中，國民黨立委為提案人的比例占四成，但是
仍有四成為未表態；然而，這只是一份連署名單，也許這些立委的立場與
政黨的立場一致，也許仍在思考是否要順應選區內民意，因此可以在未來
正式投票後，再分析國民黨立委的立法自主性。

　　再來，關於假設二，若是單看國民黨立委在民進黨立委支持率冷區
內的表現，22 個立委中，有 10 位為未表態，表示立場與中央一致，屬於
立法服從的委員比例是較高的；但是表態為提案人的立委有 6 位，若是加
上連署人 6 位，則呈現兩極化的現象，立法服從與立法反叛皆有一定的比
例，這部分可能跟國民黨立委所屬的選區，為農漁業區有關，例如彰化縣
與雲林縣，考慮到當地農民的聲音，即使該選區為民進黨立委的冷區，國
民黨立委仍可能選擇與中央相反的立場，表態為提案人，因而立法自主性
較高。

表 2.8 國民黨立委的立法行為與政治地理冷熱區線性迴歸分析

	R-square
蔡英文支持率	0.8547
民進黨立委支持率	0.9643
總統與立委支持率差異	0.3899

資料來源：作者自製

　　最後，也是最有趣的假設三，圖 2.16 資料支持這樣的預期，代表選票分裂的冷熱區與國民黨立委的行為並非相互獨立，分裂投票的政治地理相當程度影響立法行為。在這個分項當中，國民黨立委在民進黨票數分裂的區域，若是蔡英文的得票率較民進黨立委低時，則沒有國民黨立委表態為提案人，這部分也能呼應前述的假設二；相對的，若是蔡英文的得票率較民進黨立委高，則國民黨立委表態為提案人的人數也高，同時也能呼應前述的假設一，只是在蔡英文得票率較民進黨立委高的區域，國民黨立委未表態者也有一定比例，因此本文認為，在該區國民黨立委當選人立法服從或反叛的趨勢較不明顯。

　　不過，目前表 2.1 與表 2.8 的資料僅是在國民黨立委表態（position taking）的階段，一旦進入院會表決，就會有立委投票行為的資料，可以更進一步驗證「政治地理連結」在立法行為的影響。原來國民黨立委立法自主性來自於蔡英文與民進黨立委選票的分裂，而「政治地理連結」的意涵是空間政治的長期影響，是否會出現行政立法分立的長期模式，則有待更多的研究深化。

參考書目

Anselin, L. 1995. "Local indicators of spatial association-LISA." *Geographical Analysis* 27, 2: 94-115.

Beck, N. 2006. "Space is more than geography: Using spatial econometrics in the study of political economy." *International Studies Quarterly* 50: 27-44.

Cover, A. D. and D. Mayhew 1977. "Congressional dynamics and the decline of competitive congressional elections." in Lawrence C. Dodd and Bruce I. Oppenheimer. eds. *Congress Reconsidered.* New York : Praeger Publishers 54-72.

Fenno, R. 1978. "Home style: house members in their districts." Glenview, Illinois: Scott, Foresman and Company.

Lin, T.M., Wu, C.E, and F. Y. Lee 2006. "Neighborhood influence on the formation of national identity in Taiwan: Spatial regression with disjoint neighborhoods." *Political Research Quarterly* 59, 1: 35-46.

Lay, J.G., Chen, Y.W, and K. H. Yap 2006. "Spatial variation of the DPP's expansion between Taiwan's presidential elections." *Issues & Studies* 42, 4: 1-22.

MacRae, D. 1952. "The relation between Roll-Call votes and constituencies in the Massachusetts house of representatives." *American Political Science Review* 46: 1046-1055.

Mayhew, D. 1974. "Congress: The electoral connection." New Haven and London: Yale University Press.

Tobler, W. 1970. "A computer movie simulating urban growth in the Detroit region." *Economic Geography* 46, 2: 234-240.

Sheng, S.Y. 1996. "Electoral competition and legislative participation: The case of Taiwan." PhD thesis. The University of Michigan.

王甫昌（2002）。〈族群接觸機會？還是族群競爭？：本省閩南人族群意識內涵與地區差異模式之解釋〉。《臺灣社會學》第4期，頁11-78。

吳宜侃（2005）。〈立法委員連任預測模型分析──以第四屆立法委員爲例〉。《選舉研究》第12卷，第2期，頁173-210。

林啓耀（2011）。〈票房良藥或毒藥？探討馬政府施政滿意度對立委補選之影響〉。《選舉研究》第18卷，第2期，頁31-57。

陳陸輝（2006）。〈政治信任的政治後果——以2004年立法委員選舉爲例〉。《臺灣民主季刊》第3卷，第2期，頁39-61。

黃秀端等（2009）。〈2009年至2012年「選舉與民主化調查」三年期研究規劃：民國九十九年直轄市市長選舉面談訪案〉，行政院國家科學委員會補助專題研究計畫報告。

徐永明（2011）。〈臺北雙城記？一個選舉地理的考察〉。《東吳政治學報》第29卷，第2期，頁181-217。

徐永明，林昌平（2012）。〈選舉地理如何影響臺灣縣市長候選人的當選機率：1989-2009〉。《人文及社會科學集刊》第24卷，第2期，頁121-163。

盛杏湲（1997）。〈立法委員的立法參與：概念、本質與測量〉。《問題與研究》第36卷，第3期，頁1-25。

盛杏湲（2000）。〈政黨或選區？立法委員的代表取向與行爲〉。《選舉研究》第7卷，第2期，頁37-73。

盛杏湲（2001）。〈立法委員正式與非正式立法參與與之研究：以第三屆立法院爲例〉。《問題與研究》第40卷，第5期，頁81-104。

鄧志松（2007）。〈選舉的空間因素：以三次總統選舉爲例〉。《國家發展研究》第6卷，第1期，頁89-144。

鄧志松、吳親恩、柯一榮（2010）。〈選票空間分布與席次偏差：第六、七屆立委選舉的考察〉。《選舉研究》第17卷，第1期，頁21-53。

蕭怡靖、黃紀（2010）。〈單一選區兩票制下的一致與分裂投票——2008年立法委員選舉的探討〉。《臺灣民主季刊》第7卷，第3期，頁1-43。

蕭怡靖、黃紀（2010）。〈2008年立委選舉候選人票之分析：選民個體與選區總體的多層模型〉。《臺灣政治學刊》第14卷，第1期，頁3-53。

羅清俊（2008）。〈小規模立法委員選區的分配政治——選民對於補助利益的期待〉。《臺灣民主季刊》第5卷，第4期，頁47-85。

羅清俊、廖健良（2009）。〈選制改變前選區規模對立委分配政策提案行爲的影響〉。《臺灣政治學刊》第13卷，第1期，頁3-53。

　　在第二章，我們討論到當總統與立法委員選舉合併時，可以從該黨總統的支持率、該黨立法委員的支持率，以及該黨總統與立委支持率的差異，來探討選票的一致與分歧，如何影響立法委員的行為表現。除了當選舉活動舉行的時間點有所更動的時候，是一個很有趣的觀察面向外，選舉活動的方式改變，也是一個值得觀察的切入點。在這一章節中，作者以第六屆與第七屆立法委員為例，討論當選制改變時，立法委員選擇委員會的空間行為也會改變，選制改變的確會影響到委員會參與的空間配置，當不需要處理同選區內多席次的競爭問題時，該選區立委選擇委員會的方向，將回歸該區產業結構的特性。

壹、前言

　　本研究欲探討立法委員在選擇委員會時，是否受到相鄰選區或同地理區域內（例：北北基宜）其他選區的立委影響，即是測量參與委員會的空間體制效應，以第六屆及第七屆立法委員所參與的各期委員會為分析資料，探討委員在委員會參與除了個人條件之外，選區的因素與空間相關會不會長期地影響委員會的參與，更進一步觀察選制變革前後的委員會參與，在空間分布上是否有所變化，透過空間分布的冷熱區，空間聚集與離散的迴歸分析，探討委員會的參與是否有一個空間體制的非正式影響存在，以及選制變革的影響。

對於區域立委而言，其授權來源為選區選民，因此為了追求連任的目標，會提供更多利益給選區內的選民（高偉綸，2002）。並且，臺灣選民傾向投票給注重選區服務的政黨，因此，區域立委普遍認為，重視選民服務的工作對於爭取連任是最有幫助的（高世垣，2001）。第六屆立委選舉制度為多席次，立委為了爭取選票，彼此之間有競爭關係，不同政黨之間對於委員會配置也會有競爭關係；但是到了第七屆的單席次選舉制度時，這層競爭關係剔除了，立委對於委員會的選擇會依照選區的屬性來判斷，因此本文認為，在選舉制度改變前後，立委所屬委員會的空間配置型態，應該有所改變。

貳、空間迴歸分析方法應用

如前所述，選擇第六屆與第七屆為分析對象，是為了比較兩屆選制的差異性，是否對於立法委員參與委員會的行為有不同的影響，第六屆立法委員選舉為多席次，包含外島，總共分 29 個選區、169 位立委；而第七屆立法委員選舉則為單一選區，包含外島總共分成 73 個選區、73 位區域立委。兩屆委員會的分類與期數也不相同，第六屆共分為交通、財政、經濟及能源、預算及決算、內政及民族、科技及資訊、衛生及福利、教育及文化、司法、國防、法制、外交及僑務等 12 種委員會，期數為 6 期；第七屆則分為交通、財政、經濟、社福及環衛、司法及法制、教育及文化、司法及法制、外交及國防等 8 種委員會，期數為 8 期。[1]

由於兩屆之間的委員會類別與期數皆不同，故本研究以各期加總來計數，[2] 並分為：

---

[1] 資料來源為東吳大學政治學系國會研究中心整理自立法院國會圖書館網站，http://npl.ly.gov.tw/，感謝黃秀端主任及東吳大學政治系國會研究中心協助資料整理及分享，讓本文能夠順利完成分析成果。

[2] 第六屆因為是多席次，每一個選區以百分比表示，例如臺北市第一選區共有 10 位立

1. 各委員會個別計數
2. 將委員會分群計數：金錢委員會、文化委員會、其他委員會 [3]

本文以「相鄰矩陣」及「區域矩陣」為空間矩陣 [4]，測量不同委員會與分群委員會在空間上是否呈現聚集，以及某一個區域內或相鄰選區內的委員，是否容易選擇同一種委員會，故本文以計算 Local Moran's Index 來解釋各單獨選區與其鄰近選區的相關關係；Local Moran's I 是 Anselin（1995）根據 Moran's I 延伸出來的方法：區域型空間自相關（Local spatial auto-correlation），同時處理區位和屬性資訊，得到每一個樣本的 Local Moran's I，提供一個描述空間分布的資料形式，呈現統計上具有正負顯著性的聚集區域，即為熱點（hot spot）與冷點（cold spot），具有空間上的分布意義。根據區域型空間自相關的分析，可將選區與相鄰選區的聚集型態，分為熱區（HH）、冷區（LL）、冷熱區（LH）、熱冷區（HL）（鄧志松，2007）。

除了測量立委在各會期加總結果下，所選擇的委員會是否有空間上的分布特色以外，本文也會以各委員在各會期間是否更換委員會來判斷立委參與委員會的穩定程度，同樣也是分為各別委員會以及分群委員會來看。[5]

有別於傳統的迴歸分析，空間迴歸分析加入了位置（location）與距離（distance）等具有空間意義的特性，由於本文想要探討立法委員在選

委，在第一期委員會中，有 2 位委員選擇財政委員會，則以 20% 表示，並將 6 期的百分比加總討論；第七屆為單席次，因此以次數表示，例如臺北市第一選區的立委丁守中在 8 期委員會中，皆選擇經濟委員會，則以 8 次代表參與次數。

[3] 第六屆的金錢委員會為交通、財政、經濟及能源、預算及決算；文化委員會為內政及民族、科技及資訊、衛生及福利、教育及文化；其他委員會為司法、國防、法制、外交及僑務。第七屆的金錢委員會為交通、財政、經濟；文化委員會為社福及環衛、司法及法制、教育及文化；其他委員會為司法及法制、外交及國防。

[4] 「相鄰矩陣」定義為選區之間的地理邊界有重疊者；「區域矩陣」共分七種：北北基宜、桃竹苗、中彰投、雲嘉南、高高屏、花東及外島。

[5] 穩定度的量測，是以該立委在任期內，更換委員會的次數來計算，但若最末更換回第一期所選擇的委員會，則此次更動不計數。

擇參與哪一個委員會時，其行為是否會受到其他委員們的影響？因此，進行空間迴歸模型時，加入了各委員所在選區的「位置」，定義為空間性質，來分析立法委員參與委員會的行為受到其他委員們的影響時，這些委員們與該立委所屬的選區，在空間結構上其意義為何。

空間迴歸模型表現為下列式（3.1），y 為模型的依變項，在本文中表示為各會期之個別委員會的參與與否（以 0、1 表示）；X 為模型中的自變項矩陣，是由各委員的黨籍、性別及所屬選區的農漁業區類別組成（蕭怡靖，2007）；W 為空間矩陣，由於第六屆立法委員選舉為多席次，第七屆立法委員選舉為單一選區，因此本文在處理空間矩陣時，會針對兩種選制，有不一樣的處理方式，並在後續做更詳細的說明；β 與 ρ 分別為模型的迴歸係數，尤其 ρ 為本文探討的重點，ρ 值顯著，表示委員所選擇的委員會分布有空間上的影響，當 ρ 為正，代表委員選擇委員會的行為具有「聚集性」，當 ρ 為負，則表示委員選擇委員會的行為為「離散性」；ε 則是殘差。[6]

$$y = \beta X + \rho W y + \varepsilon \qquad (3.1)$$

（一）第六屆

第六屆立法委員為多席次（n = 169），因此委員與委員之間的空間屬性關係，分成來自於同一選區、所屬選區的邊界相鄰以及來自於同一個區域版塊三種；下式（3.2）、式（3.3）、式（3.4）為空間迴歸模型設定，其中 y 為各會期之各個委員會，X 為模型中的自變項矩陣，空間矩陣 W 則依照各委員所屬選區在地理上的鄰近關係來設定。[7]

$$y = \beta X + \rho W_1 y + \varepsilon \qquad (3.2)$$

6　本文設定黨籍為民進黨者為 1，其餘為 0；農漁業區為 1，其餘為 0；女性為 1，男性為 0。

7　全國不分區與山地原住民立委，不納入分析。

首先，W_1 表示來自於同一個選區內的委員，彼此的空間特性關係定義為 1，然而所屬選區相鄰、來自於同一個版塊內的選區或是其他，則定義為 0。若 ρ_1 顯著，且為正，代表同一選區內的委員會趨向選擇相同的委員會，稱為委員會的分布有聚集性；若 ρ_1 顯著，且為負，代表同一選區內的委員會趨向選擇不同的委員會，則委員會的分布為離散性。

$$y = \beta X + \rho_2 W_2 y + \varepsilon \qquad （3.3）$$

接著，W_2 表示委員所屬選區，其邊界相鄰者，空間特性關係定義為 1，而即使來自同一個選區、同一個版塊內的選區或是其他，則定義為 0。由於臺灣受到中央山脈影響，東西部有明顯的地理區隔，因此，本文將花蓮縣與臺東縣另外處理，在選區邊界相鄰的定義上，凡是與花蓮縣及臺東縣相鄰者，仍定義為 0。若 ρ_2 顯著，且為正，代表相鄰選區的委員會趨向選擇相同的委員會，稱為委員會的分布有聚集性；若 ρ_2 顯著，且為負，代表相鄰選區的委員會趨向選擇不同的委員會，則委員會的分布為離散性。

$$y = \beta X + \rho_3 W_3 y + \varepsilon \qquad （3.4）$$

最後，W_3 表示委員所屬的選區，為同一個區域版塊者，其空間特性關係定義為 1，而屬於同一個選區、選區相鄰或其他，則定義為 0。以上，是本文對於多席次的選舉制度，所分類的三種空間矩陣模型。若 ρ_3 顯著，且為正，代表同一個區域版塊選區的委員會趨向選擇相同的委員會，稱為委員會的分布有聚集性；若 ρ_3 顯著，且為負，代表同一個區域版塊選區的委員會趨向選擇不同的委員會，則委員會的分布為離散性。

（二）第七屆

第七屆的立法委員選制為單一選區（n = 73），委員與委員之間的的空間屬性關係較為單純，分成所屬選區的邊界相鄰以及來自於同一個區域版塊；下式（3.5）、式（3.6）為空間迴歸模型設定，其中 y 為各會期之

各個委員會，X 爲模型中的自變項矩陣，空間矩陣 W 則依照各委員所屬選區在地理上的鄰近關係來設定。[8]

$$y = \beta X + \rho_4 W_4 y + \varepsilon \qquad (3.5)$$

首先，W_4 表示「相鄰矩陣」，委員所屬的選區，彼此邊界相鄰者，其空間關係定義爲 1，其他則定義爲 0。同樣因爲中央山脈的地理區隔影響，與第六屆的處理方式相同，在選區邊界相鄰的定義上，凡是與花蓮縣及臺東縣相鄰者，仍定義爲 0。若 ρ_4 顯著，且爲正，代表相鄰選區的委員會趨向選擇相同的委員會，稱爲委員會的分布有聚集性；若 ρ_4 顯著，且爲負，代表相鄰選區的委員會趨向選擇不同的委員會，則委員會的分布爲離散性。

$$y = \beta X + \rho_5 W_5 y + \varepsilon \qquad (3.6)$$

其次，W_5 表示「區域矩陣」，委員所屬的選區，來自於同一個版塊者，其空間關係定義爲 1，其他則定義爲 0。若 ρ_5 顯著，且爲正，代表同一個區域版塊選區的委員會趨向選擇相同的委員會，稱爲委員會的分布有聚集性；若 ρ_5 顯著，且爲負，代表同一個區域版塊選區的委員會趨向選擇不同的委員會，則委員會的分布爲離散性。

以上，爲本文針對兩種不同選制，所定義的空間矩陣模型。後續，本文將針對各迴歸設定所屬的迴歸係數 ρ，來分析影響立法委員選擇委員會行爲的空間特質。

---

[8] 全國不分區與山地原住民立委，不納入分析。

參、空間分布熱點、聚集性與離散性

一、空間分布的熱點

本文以選區為單位，以委員會分類，計算選區內立法委員在所有會期之中，選擇該委員會的百分比（第六屆）與次數（第七屆），接著將百分比與次數做區域型空間自相關指數計算，並以聚集型態（熱區、熱冷區等）判斷選擇該委員會較多次的立委，彼此之間是否有空間上的相鄰。結果顯示不同委員會的確有地方聚集性，並且選擇該委員會的立委，其選區相鄰或在同一個區域內的檢定值為顯著（p < 0.05），以下我們分屆，就各委員會詳細說明：

（一）第六屆

從圖 3.1、圖 3.1、圖 3.3、圖 3.4 來看，加總選區內委員選擇該委員會的百分比及各會期的結果，會發現比重較高的選區具有區域性，例如：選擇內政、教育及文化、與財政委員會等期數多的立委，並且其鄰近或同區域版塊選區內的立委也有相同選擇行為者，多聚集於北部地區；選擇科技及資訊委員會的立委，則聚集於桃竹苗一帶；選擇預算及決算、衛生及福利、交通委員會的立委，則聚集於中部；而南部地區，主要是財政與經濟委員會。

1. 預算及決算委員會：該委員會的立委，多為彰化縣、雲林縣與嘉義縣的立委。
2. 科技及資訊委員會：該委員會的立委，多為新竹縣、苗栗縣、臺中縣、臺中市的立委（見圖 3.1）。[9]
3. 教育及文化委員會：該委員會的立委，多為臺北縣、臺北市、桃園縣的立委（見圖 3.2）。

---

[9] 圖 3.1 到圖 3.6 所標示的 LISA type，是以「相鄰矩陣」所計算得到的結果。

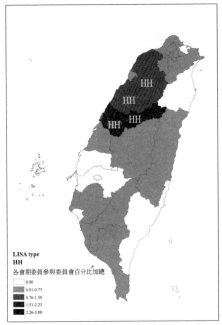

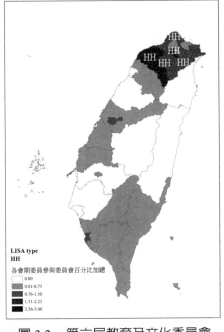

圖 3.1　第六屆科技及資訊委員會　　圖 3.2　第六屆教育及文化委員會

4. 衛生及福利委員會：該委員會的立委，多爲彰化縣、雲林縣、嘉義縣的立委（見圖 3.3）。

5. 內政委員會：該委員會的立委，多爲臺北縣、臺北市、桃園縣的立委（見圖 3.4）。

6. 交通委員會：該委員會的立委，多爲臺中縣、彰化縣的立委。

7. 財政委員會：該委員會的立委，多爲臺北市、高雄縣的立委。

8. 經濟委員會：該委員會的立委，多爲雲林縣、臺南縣的立委。

9. 國防、司法、法制、外交委員會：因爲選擇這些委員會的立委，選區較分散，因此沒有呈現顯著聚集的分布型態。

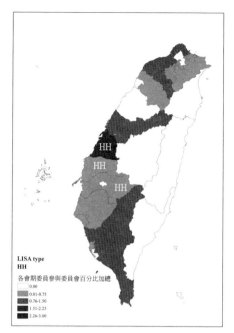

圖 3.3　第六屆衛生及福利委員會

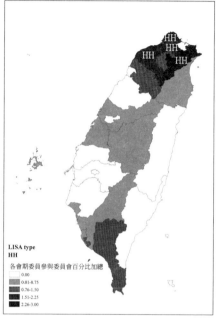

圖 3.4　第六屆內政委員會

（二）第七屆

　　第六屆的委員會在空間分布型態上具有區域性，但是在第七屆則沒有相同的表現，除了「經濟」委員會趨向聚集於南部外（圖 3.5），第七屆的各委員會較無顯著地區性的聚集，比較是零星分散在某些縣市或選區（圖 3.6），因此聚集型態多為熱冷區（HL），表示除了該選區立委選擇此委員會的次數多以外，其鄰近或同區域選區內的立委並沒有相同的選擇行為。

　　1. 財政委員會：該委員會的立委，多為臺北縣的立委。

　　2. 經濟委員會：該委員會的立委，多為高雄縣、高雄市、屏東縣的立委（見圖 3.5）。

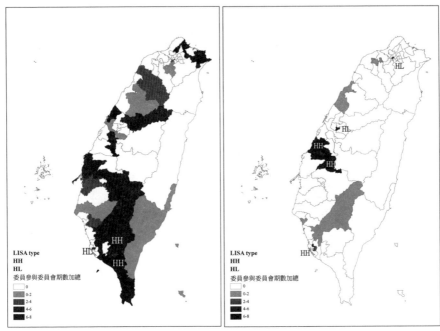

圖 3.5　第七屆經濟委員會　　　　圖 3.6　第七屆社福及衛環委員會

3. 交通委員會：該委員會的立委，多為臺北縣的立委。
4. 社福及衛環委員會：該委員會的立委，多為彰化縣、雲林縣、高雄市的立委（見圖 3.6）。
5. 外交及國防委員會：該委員會的立委，多為臺北市的立委。
6. 司法及法制委員會：該委員會的立委，多為高雄縣的立委。

接著討論分群委員會的空間分布特性：
1. 金錢委員會：第六屆聚集於中部（彰化縣）；第七屆聚集於北部（臺北縣市）。
2. 人文委員會：第六屆聚集於北部（臺北縣市、桃園縣）；第七屆聚集於南部（高雄市、屏東縣）。

3. 其他委員會：第六屆與第七屆聚集結果相同，都是在臺北市。

（三）兩屆比較

　　最後看各委員會參與情形的穩定程度，在各會期之間，若一開始選擇該委員會的立委，在經歷各會期之後，仍然選擇該委員會者，表示更換頻率低，穩定性高。以第六屆的會期來看（圖 3.7），選擇交通、財政、經濟、衛生及福利、外交及國防委員會等的立委，較不易更換委員會，相對的，選擇內政、科技及資訊、法制委員會者，較易在之後的會期中更換委員會；而第七屆則是選擇交通、財政、經濟委員會的立委，穩定性較高（圖 3.8）；相對的，選擇內政、司法委員會者，穩定性較低。整體而言（圖 3.9、圖 3.10），以分群委員會來看，第六屆與第七屆在金錢委員會內的立委，穩定性都是最高的，差別在於，第六屆的人文委員會穩定性最低，而第七屆則是其他委員會穩定性最低。

二、空間迴歸的聚集與離散

（一）第六屆

　　第六屆的立法委員為多席次，根據第一小節的空間分布特性，可以從

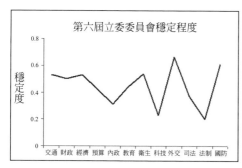

圖 3.7　第六屆立委委員會參與情形

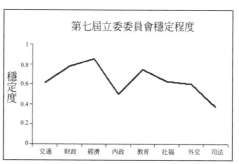

圖 3.8　第七屆立委委員會參與情形

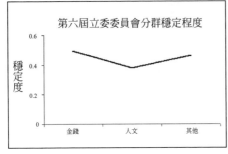
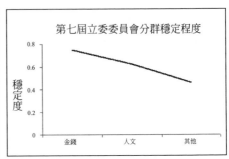

圖 3.9　第六屆立委分群委員會參與情　圖 3.10　第七屆立委分群委員會參與
　　　　形　　　　　　　　　　　　　　　　　　情形

同選區內的委員群，其選擇委員會的行為發現，席次越多的選區，委員們越容易趨向參與不同的委員會，尤其席次越多的選區，選區內的委員會較多元，因此，在空間矩陣設定為 W_1 時，結果顯示各立法委員在選擇委員會的行為中，受到同一選區內的其他委員影響並不明顯，尤其「財政」與「內政」委員會，各會期皆顯示不顯著，其他委員會約略有一到三個會期有顯著表現。

　　除此之外，從迴歸係數 ρ 的正負值來看（表 3.1），「經濟及能源」、「科技及資訊」、「外交及僑務」、「司法」等四個委員會的迴歸係數 ρ 為正相關，表示「同選區內其他委員若選擇這四個委員會，則會影響該立委也選擇這四個委員會」；而「交通」、「預算及決算」、「教育及文化」、「衛生及福利」等四個委員會的迴歸係數 ρ 為負相關，表示「同選區內其他委員若選擇這四個委員會，則影響該立委不選擇這四個委員會」。

表 3.1　第六屆各委員會空間矩陣（W_1，同一選區）模型迴歸分析的 ρ_1 值表現

委員會	第一期	第二期	第三期	第四期	第五期	第六期
交通	×	×	×	－	－	－
財政	×	×	×	×	×	×
經濟及能源	×	×	×	＋	×	＋
預算及決算	×	－	－	×	×	×
科技及資訊	＋	×	×	＋	×	×
內政及民族	×	×	×	×	×	×
教育及文化	×	×	×	×	×	×
衛生及福利	－	－	×	×	×	×
法制	×	×	×	×	＋	×
外交及僑務	×	＋	×	×	×	×
國防	－	×	×	×	×	×
司法	×	＋	－	×	×	＋

＋－符號代表 p 值顯著（p < 0.1）時，迴歸係數 ρ 的正負表現，× 爲不顯著

接著，當空間矩陣設定爲 W_2 時，結果顯示各立法委員在選擇委員會的行爲中，受到相鄰選區內的其他委員影響較爲顯著，除了「教育及文化」委員會在各會期皆顯示不顯著外，其他委員會約有半數以上會期具顯著表現，例如：「交通」、「經濟及能源」、「科技及資訊」、「內政及民族」、「衛生及福利」、「國防」等。

除此之外，從迴歸係數 ρ 的正負值來看（表 3.2），「交通」、「預算及決算」、「科技及資訊」、「內政」、「衛生及福利」、「法制」等六個委員會的迴歸係數 ρ 爲正相關，表示「相鄰選區內的委員若選擇這六個委員會，則會影響該立委也選擇這六個委員會」；而「財政」、「經濟及能源」、「外交及僑務」、「國防」、「司法」等五個委員會的迴歸係數 ρ 爲負相關，表示「相鄰選區內的委員若選擇這五個委員會，則會影響該立委不選擇這五個委員會」。

表 3.2　第六屆各員會空間矩陣（W_2，相鄰選區）模型迴歸分析的 ρ_2 值表現

委員會	第一期	第二期	第三期	第四期	第五期	第六期
交通	＋	×	－	×	＋	×
財政	×	×	－	×	×	×
經濟及能源	×	＋	×	－	×	－
預算及決算	×	×	×	＋	＋	＋
科技及資訊	＋	＋	×	＋	＋	＋
內政及民族	＋	＋	×	＋	＋	＋
教育及文化	×	×	×	×	×	×
衛生及福利	＋	＋	＋	＋	×	×
法制	＋	－	×	＋	×	×
外交及僑務	×	×	×	×	－	×
國防	－	×				
司法	－	×	×	×	×	×

＋－符號代表 p 值顯著（p＜0.1）時，迴歸係數 ρ 的正負表現，× 為不顯著

　　最後，當空間矩陣設定為 W_3 時，結果顯示各立法委員在選擇委員會的行為中，受到同區域版塊內的其他委員影響最為顯著，尤其「經濟及能源」、「內政及民族」、「外交及僑務」、「國防」、「司法」等五個委員會各會期皆顯著。

　　除此之外，從迴歸係數 ρ 的正負值來看（表 3.3），「科技及資訊」、「內政」、「教育及文化」等三個委員會的迴歸係數 ρ 為正相關，表示「相同區域版內選區的委員若選擇這三個委員會，則會影響該立委也選擇這三個委員會」；而其他委員會的迴歸係數 ρ 為負相關，表示「相同區域版內選區的委員若選擇這些委員會，則會影響該立委不選擇這些委員會」。

表 3.3　第六屆各員會空間矩陣（W_3，區域版塊）模型迴歸分析的 ρ_3 值表現

委員會	第一期	第二期	第三期	第四期	第五期	第六期
交通	−	−	−	×	+	×
財政	×	−	−	−	×	−
經濟及能源	+	+	−	−	−	−
預算及決算	−	×	−	−	−	+
科技及資訊	+	+	+	+	−	×
內政及民族	+	+	−	+	+	+
教育及文化	+	+	+	×	−	−
衛生及福利	+	+	−	×	−	−
法制	−	−	×	+	−	−
外交及僑務	−	−	−	−	−	−
國防	−	−	−	−	−	−
司法	−	−	−	−	−	+

＋−符號代表 p 值顯著（p＜0.1）時，迴歸係數 ρ 的正負表現，× 為不顯著

　　綜合以上三種空間矩陣的結果，本文認為與第一小節的空間分布特性相呼應，第六屆各會期委員會，除了「國防」、「司法」、「外交及僑務」、「法制」等，其分布情形不具有聚集型態外，其他委員會具有區域型的聚集特性，根據表 3.2 與表 3.3，這些區域型的聚集特性，部分受到「相鄰選區」的影響，例如：「交通」、「預算及決算」、「衛生及福利」；部分受到「區域版塊」的影響，例如：「教育及文化」；部分則同時受到「相鄰選區」與「區域版塊」的影響，例如：「科技及資訊」、「內政」。「經濟及能源」委員會則是受到「相同選區」的影響；而「財政」委員會雖然多被臺北市與高雄縣的委員選擇，但因為所屬選區不具有以上三種空間矩陣的相關性，因此在三種空間迴歸模型中，較不具顯著性。

（二）第七屆

　　第七屆立法委員選舉為單一選區，因此委員與委員之間的空間關係矩陣較為單純，從表3.4、表3.5來看，「相鄰矩陣」與「區域矩陣」對於委員選擇委員會的行為皆有影響，只是影響的委員會不同，「外交及國防」在兩種矩陣影響下皆不顯著；而「財政」、「內政」及「教育及文化」等，各會期的表現皆是顯著。

　　從迴歸係數 ρ 的正負值來看，「財政」委員會的迴歸係數 ρ 在「相鄰矩陣」影響下為正相關，在「區域矩陣」影響下為負相關，表示「該委員選擇財政委員會，是受到相鄰選區委員的影響，但這些選區並非來自同一個版塊」；「經濟」委員會則相反，其迴歸係數 ρ 在「相鄰矩陣」影響下為負相關、在「區域矩陣」影響下為正相關，表示「該委員選擇經濟委員會，是受到同區域版塊選區內委員的影響，但這些選區並不相鄰」。其餘「交通」、「內政」、「教育及文化」、「社福及衛環」等委員會，其迴歸係數 ρ 在「相鄰矩陣」與「區域矩陣」影響下皆為負相關，表示「當相鄰選區或同區域版塊選區內的委員選擇這些委員會時，影響該委員不選擇這些委員會」。

表 3.4　第七屆各委員會空間矩陣（W_4，相鄰選區）模型迴歸分析的 ρ_4 值表現

委員會	第一期	第二期	第三期	第四期	第五期	第六期	第七期	第八期
交通	×	×	－	×	×	×	×	×
財政	＋	＋	＋	＋	＋	＋	＋	＋
經濟	－	－	×	×	×	×	×	×
司法及法制	－	－	×	×	＋	＋	－	－
外交及國防	×	×	×	×	×	×	×	×
內政	－	－	－	－	－	－	－	－
教育及文化	－	－	－	－	－	－	－	－
社福及衛環	－	－	×	×	×	×	×	×

＋－符號代表 p 值顯著（p < 0.1）時，迴歸係數 ρ 的正負表現，× 為不顯著

表 3.5 第七屆各委員會空間矩陣（W_5，區域版塊）模型迴歸分析的 ρ_5 值表現

委員會	第一期	第二期	第三期	第四期	第五期	第六期	第七期	第八期
交通	×	×	－	－	×	－		
財政	－	－	－	－	－	－	－	－
經濟	×	×	＋	＋	＋	＋	＋	＋
司法及法制	＋	＋	×	×	×	×	－	
外交及國防	－	×	×	×	×	×	×	×
內政	－	－	－	－	－	－	－	－
教育及文化	－	－	－	－	－	－	－	－
社福及衛環	－	－	－	－	×	×	×	×

＋－符號代表 p 值顯著（$p < 0.1$）時，迴歸係數 ρ 的正負表現，× 為不顯著

　　綜合以上兩種空間矩陣的結果，與第一小節的空間分布特性相呼應，除了「經濟」委員會多聚集於南部，「財政」委員會的選區多爲臺北縣內的相鄰選區，其他各委員會比較是零星、在各區域內出現聚集的縣市或選區，在「相鄰選區」或「區域版塊」的影響下，委員會分布行爲呈現離散性。

肆、結論：從委員會參與的空間關係看委員的選區經營方式

　　如前所述，ρ 值的正負表現，代表委員選擇委員會的分布特性，爲正代表「聚集性」、爲負代表「離散性」，表 3.6 將第六屆委員會 ρ 值表現顯著的會期加總全爲正標示「聚集」、全爲負則標示「離散」，若遇到不同會期有不同正負值表現者，以表現較多次會期者來定義「聚集」或「離散」，例如：根據表 3.1 中的司法委員會，有兩次 ρ 值爲正、一次爲負，取其多數表現，即標示爲聚集，表現爲表 3.6 中「同一選區」相關的聚集。

表 3.6　第六屆立法委員委員會在三種空間矩陣影響下，其 ρ 值之正負表現

委員會	同一選區	相鄰選區	區域版塊
交通	離散	聚集	離散
財政	------	離散	離散
經濟及能源	聚集	離散	離散
預算及決算	離散	聚集	離散
科技及資訊	聚集	聚集	聚集
內政及民族	------	聚集	聚集
教育及文化	離散	------	聚集
衛生及福利	離散	聚集	離散
法制	離散	聚集	離散
外交及僑務	聚集	離散	離散
國防	離散	離散	離散
司法	聚集	離散	離散

資料來源：作者整理自表 3.1、表 3.2、表 3.3。

　　所以，表 3.6 為第六屆委員會在三種空間關係上的加總行為，可以發現「科技及資訊」委員會參與的聚集性最強，無論是在同一選區、相鄰、版塊三種空間關係上都呈現聚集的趨勢；而「內政及民族」委員會參與則在相鄰與版塊層次聚集。相對的，「國防」委員會參與則呈現一致的離散趨勢，「司法」與「經濟」則在相鄰與版塊層次具呈現離散。表 3.7 則為第七屆委員會在相鄰與版塊兩種空間關係上的加總行為，除了「財政」與「經濟」各自在相鄰與版塊層次呈現聚集的趨勢外，大多為離散，顯示單一選區的制度變革讓委員會空間的關係有所改變。

表 3.7　第七屆立法委員委員會在兩種空間矩陣影響下，其 ρ 值之正負表現

委員會	相鄰選區	區域版塊
交通	離散	離散
財政	聚集	離散
經濟	離散	聚集
司法及法制	離散	------
外交及國防	------	離散
內政	離散	離散
教育及文化	離散	離散
社福及衛環	離散	離散

資料來源：作者整理自表 3.4、表 3.5。

　　除了表 3.6、表 3.7 呈現的第六、第七屆委員會參與空間相關上的差異，從區域性的聚集行為觀之，第六屆的委員會在空間分布型態上具有區域性：「內政」、「教育及文化」、與「財政」委員會等期數多的立委，多聚集於北部地區；選擇「科技及資訊」委員會的立委，則聚集於桃竹苗一帶；「衛生及福利」、「交通」委員會的立委，則聚集於中部；而南部地區，主要是「財政」與「經濟」委員會，但是在第七屆則沒有相同的表現。

　　顯然，當選制改變時，立法委員選擇委員會的空間行為也會改變，在多席次的選舉制度下，同一選區內的委員會分散所選擇的委員會，從同一選區尺度來觀察，委員會的分布呈現離散性；但是若以相鄰選區或是相同版塊選區的尺度來量測，則第六屆的委員會分布較有區域聚集的特性。然而，當選制改為單一選區時，分布結果從原先在相鄰選區或相同版塊內所量測到的聚集性，轉變為離散性，這也使得第七屆的委員會在空間分布特性上，多半是北、中、南皆有委員選擇該委員會，只是有會期長短的差異性。

　　立委在選擇委員會時，其空間行爲的差異可能受到選區規模、政黨競爭型態、選區經營、與選區屬性的考量，本文認爲，在選制改革前，影響委員會的空間體制分配，受到政黨競爭型態的影響較大；而選制改革後，選區經營與選區屬性的特質則較突顯。

參考書目

Anselin, L. (1995). "Local indicators of spatial association-LISA." *Geographical Analysis* ,Vol. 27, No. 2: 94-115.

高世垣（2001）。《選區服務與個人選票之建立》。臺北：政治大學政治研究所碩士論文。

高偉綸（2002）。《區域與不分區立委代表行爲之差異》。臺北：政治大學政治研究所碩士論文。

鄧志松（2012）。〈選舉的空間因素：以三次總統選舉爲例〉，《國家發展研究》，第6卷，第1期，頁89-144。

蕭怡靖（2007）。〈我國立法委員選擇常設委員會之研究：以第五屆立法委員爲例〉，《東吳政治學報》，第25卷，第3期，頁131-182。

　　第二章〈政治地理的測量〉，與第三章〈空間體制的測量〉，所使用的空間分析方法，屬於「空間統計」的範圍，在這一章節中，我們要介紹的是「空間計量」方法的應用；在第二章〈政治地理測量〉中，作者提過 David Mayhew（1974）所提出的三種國會議員，為了爭取連任而產生的行為表現：「廣告宣傳」（advertising）、「訴求政績」（credit claiming）、以及「採取立場」（position taking）。並且以臺灣經驗為例，以空間統計方法，解釋了總統與立法委員合併選舉時，選票的一致與分歧，如何影響立法委員的行為表現。而在這一章中，作者根據公民監督國會聯盟所提供的立委評鑑資料包括：立委在立法院與委員會的出席率、口頭發言的次數、問政態度與表現、所提出的法案與特殊事蹟以及脫序表現等綜合評比，從空間迴歸分析方法的檢驗結果中，探討立委的表現優秀與不優秀，以及影響其連任成功的因素。

壹、前言

　　民主制度是建立在制衡與監督之上，但若制度未能形成一定的制衡時，民間的監督力量便相當重要（黃秀端，2008）。過去，國內持續有民間團體參與國會監督，像是最早的新時代基金會（1990）、國會觀察基金會、澄社、以及近期由多個民間社團組成的公民監督國會聯盟（2007），期望對國會及立法委員進行長期且持續的監督（黃秀端，2008）。傳統對於立法委員的觀察與評鑑，多數建立在立法委員於院內的立法行為上，

然而，立法委員在有限的時間內，必須權衡（trade-off）是將時間投入在院內立法表現，亦或是投資在地方選區的選民服務。以區域立委為例，區域立委建立個人選票的動機較為強烈，且授權來源為選區選民，因此為了追求連任的目標，會提供更多利益給選區內的選民（高偉綸，2002）。研究發現，臺灣選民傾向將選票投給著重服務工作的政黨，區域立委普遍認為選民服務的工作對他們爭取選票是最有幫助的，若是越重視「選區服務」，則連任當選的機率也就越高，其次才是在立法院的問政表現（高世垣，2001）。

因此，立法委員在院外的表現也應該是評鑑考量的面向；區域立委政見地方化與否實屬與選區地理位置、都會化程度有關（許懷仁，2013）。本文以區域立委為例，從院外選區的空間結構及條件探討立委的優秀與不優秀。

貳、資料來源

一、公督盟的資料結構

本文以第七屆區域立委為研究對象，並且採用民間團體——公民監督國會聯盟的觀察資料作為區域立委在院內立法行為的評鑑參數。「公民監督國會聯盟」原身為「社會立法運動聯盟」（立案字號「台內社字第0960100099號」）。聯盟成立的目標是以持續監督國會、提出評鑑報告、淘汰不適任的立委以及改善國會生態為宗旨。

評鑑的方式分為四大項目：

1. 出缺席、發言及口頭／書面諮詢：

包括八個會期中，各立委在立法院的出缺席，以及在委員會的出
缺席記錄，委員會議中，立委的口頭諮詢與書面諮詢的次數記錄。

2. IVOD 公民評鑑：
   由民眾自由報名參與評鑑活動，活動進行時，每位評委可以選擇
   兩位想評鑑的立委，進入 IVOD 系統，收看委員的諮詢影片，並
   在觀賞後，與其他委員們分組討論，再進行評分。

3. 提倡法案的名目與提倡會期：
   陽光法案／公益法法案／侵害基本人權法案。

4. 脫序表現：
   記錄立法委員在各會期中，是否在立法院內發生口頭與肢體的衝
   突，或是在執行公務期間行為欠佳的新聞事件，及其立委辦公室
   內部人員違法規定等行為表現。

表 4.1　第七屆立法委員問政表現

會期		院會出席率（%）	院會發言次數	委員會出席率（%）	口頭諮詢次數	書面諮詢次數	IVOD公民評鑑分數	觀察值（N）
3	平均值	0.95	0.00	0.88	17.96	0.08		71
	標準差	0.18	0.00	0.14	11.85	0.27		
4	平均值	0.88	0.00	0.93	10.52	0.08	78.63	66
	標準差	0.29	0.00	0.13	7.59	0.28	4.20	
5	平均值	0.85	0.01	0.90	13.42	2.16	76.87	62
	標準差	0.32	0.12	0.12	8.34	4.08	6.45	
6	平均值	0.80	1.63	0.88	11.39	2.21	73.53	62
	標準差	0.37	1.63	0.20	7.89	4.20	5.30	
7	平均值	0.78	1.01	0.88	12.63	4.18	72.53	59
	標準差	0.38	0.82	0.20	7.43	5.66	6.91	
8	平均值	0.76	0.00	0.89	7.49	3.40	73.48	57
	標準差	0.40	0.00	0.18	5.25	4.55	6.97	

資料來源：公民監督國會聯盟之第七屆立委評鑑。

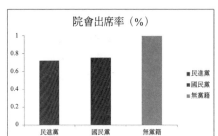

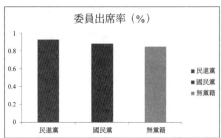

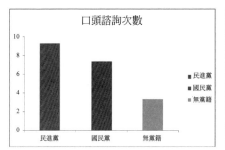

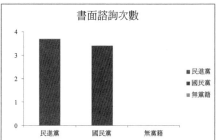

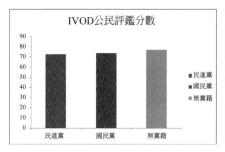

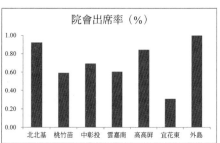

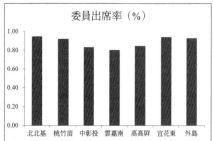

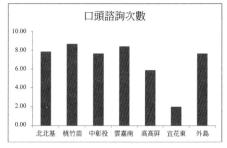

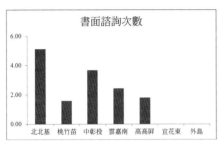
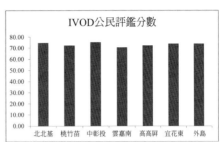

資料來源：公民監督國會聯盟之第七屆立委評鑑。

　　第七屆立委從第三到第八個會期的資料顯示（表4.1）：立法委員在院內的出席率平均值逐漸下降，但是在委員會的出席率平均值則是各會期接近且波動的；在委員會的口頭諮詢次數平均值也較院內發言次數高出許多，書面諮詢次數平均值雖然較口頭諮詢次數平均值低，但是隨著會期持續成長，反觀口頭諮詢次數平均值卻是下降；IVOD公民評鑑分數平均值為前半部會期較高，第六會期開始下降，且標準差變大。

　　以上是對區域立委的立法行為所作平均性的討論，接著本文依照政黨（民進黨、國民黨、無黨籍），以及區域（北北基、桃竹苗、中彰投、雲嘉南、高高屏、宜花東、外島），重新整理區域立委的立法表現：在院會出席率方面，以無黨籍立委表現最佳，國民兩黨表現相近；分區表現則是以北北基及外島的出席率最高、東部出席率最低。委員會的出席率方面，在政黨與區域的分項上皆無顯著的落差，出席率皆高。委員會的口頭諮詢次數方面，以民進黨的區域立委發表諮詢次數最多，接著是國民黨，無黨籍立委最少；分區表現則是以東部立委諮詢次數最低。委員會的書面諮詢次數，同樣以民進黨的區域立委次數最多，其次是國民黨立委，無黨籍立委次數為零；分區表現上，以北北基的區域立委之書面諮詢次數最高，東部及外島的立委諮詢次數為零。IVOD公民評鑑分數方面，由於無黨籍立委只有三位，三位的得分並不是最高，但平均結果最好，反觀國民黨與民進黨立委因為彼此差異較大，使得平均結果不如無黨籍立委，但兩黨立委的平均得分數相近，分區表現上，則是七大地理區結果相近。

二、臺灣的Power Map：以立委的席次與院内表現為例

　　傳統的區域立委席次分布圖，是以選區的範圍作圖，容易讓人注意到面積的差異，而不是席次的差異。席次是制度上的權力，也因此產生花蓮縣比臺北市有較大影響力的視覺錯覺，實際上，花蓮縣在區域立委席次中只占了一席，而臺北市卻有八席，因此本文使用比較統計圖（cartogram）轉換的方式，將原本以面積大小作圖的選區地圖，轉換成以席次作圖的呈現方式。

　　比較統計圖乃利用三個指標衡量加工後的地圖特性。一、儘量保持原選區邊界的形狀；二、保持位相（topology preservation），即選區之間的相對位置與相鄰關係；三、視覺平等化（visual equalisation），根據特定數值（例如：人口數）調整原區域的面積大小，讓數值較大的區域看起來較為醒目（Roth et al., 2010）。

　　第七屆立委的選區組成為單席次，本文根據各縣市所占的區域立委席次，製作變形後的臺灣地圖（圖4.1），與我們習慣的縣市界地圖比較起來，可以很明顯的看出各縣市在立法院内的權力分量（power），並不會因為所屬縣市的面積大小而成等正比，在圖4.1中，我們反而看到臺北市放大、花蓮縣與臺東縣縮小，其視覺上變化。

　　同樣的，原本面積較小的縣市，因為人口密度高，在劃分為多個選區後，選區的單位面積在傳統地圖上形成一個小點，舉例來說，臺北市有八個選區，而花蓮縣只有一個選區，兩者選區的面積大小懸殊，容易造成視覺上的誤判，例如：2010年英國大選結果，如果單純的以地理邊界來看，保守黨幾乎大獲全勝，但是英國屬於單一選區單席次，在人口密度高的都市地區，雖然都市的地理面積小，但所劃分的選區（席次）是多的，因此若將每一個選區劃分成等面積的範圍重新計算保守黨與工黨席次所占的面積，會發現兩黨是旗鼓相當的（BBC Election, 2010）。因此，

本文根據單一選區同席次的屬性值，製作第七屆區域立委選區比較統計圖（圖4.2），讓每個選區的面積大小接近，表示分量相等。

第七屆各縣市立委席次power map

圖 4.1 各縣市根據第七屆區域立委席次所作的 power map

第七屆區域立委選區比較統計圖

圖 4.2　根據選區單一席次所作的第七屆區域立委選區比較統計圖

　　從圖 4.1 的結果得到，都市化越高的縣市，立委席次占立法院席次的比例越高，同時也表現出該城市立委的能量（power），尤其是合併後的五都。另一有趣的是，原本地理區位於臺灣正中間的南投縣，在邊界變型以後，反而受到擠壓，與東部的花蓮縣及臺東縣連成一塊，這也顯示東部地區、山區雖然地理範圍廣，卻是區域立委 power 較爲低弱的地區。

　　另外一種作法，是將每個選區的面積視爲相等，重新對臺灣的選區地圖作圖（圖4.2），可以發現臺灣其實是頭重腳輕，且西半部呈現絕對優勢。

　　以第七屆第四會期爲例，將院內表現繪製在台灣的 power map 上，立法表現是立法委員全力的實質運作，我們發現選區位於西半部及外島的立委在院內與委員會的出席率高，雲林縣、南投縣、花蓮縣、臺東縣的選區立委則低許多（圖4.3、圖4.4），顯示立委到中央的通勤意願，因高鐵或飛航的便捷性而提高，在時間成本縮短下，出席率也相對較高，而東半部及中部山區的縣市，雖然在物理距離上叫外島或南部地區的縣市爲近，但是交通不便性也的確影響出席率。

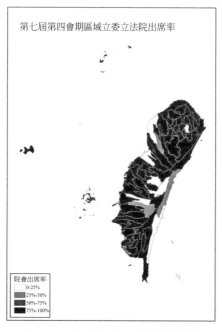

圖 4.3　區域立委立法院出席率

圖 4.4　區域立委委員會出席率

　　在第七屆第四會期中，區域立委於委員會的口頭諮詢次數，發言數較多的選區是隨機分散在臺灣各地，但以臺北市、新北市、臺中市、臺南市、高雄市較高（圖4.5），同樣的這些地理區內的區域立委，也獲得較高的 IVOD 評鑑分數（圖4.6）。

圖 4.5　區域立委委員會口頭諮詢次數　　圖 4.6　區域立委 IVOD 公民評鑑

參、研究架構與發現

　　公督盟監督國會的評鑑資料是以立法委員在院內的立法表現爲主，本文所使用的資料來源爲第七屆立法委員八個會期的參與行爲，是根據區域立委在立法院與委員會的表現及參與度，分爲「前期表現」、「立法院的

出席率」、「委員會的出席率」、「IVOD 公民評鑑分數」、「委員會的口頭諮詢次數」及「委員會的書面諮詢次數」等六個，屬於追蹤資料樣本的資料型態（time-series cross section）。除了院內表現以外，根據許懷仁（2013）所提到的，院外的選區地理位置、都市化程度也會影響區域立委的表現，因此，本文加入表示為選區的特性參數，包括「北北基宜地區」、「選區與立法院的距離」、「選區內選舉人數／面積」、「選區內的選舉人數」等四個；以及表示區域立委的個人條件參數「年齡」、「學歷」、「性別」、「黨籍」、「前期表現」等五個，來分析影響立委優秀與不優秀的參數。

一、院內優秀的迴歸分析

詳細參數說明：

個人條件：

在立委的個人條件中，本文選了幾項參數，其中「年齡」能代表立委的活動力，「學歷」則能表示能力，「性別」與「黨籍」是表示選民的偏好，「前期表現」則是表示立委表現受肯定的程度。

1. 年齡：以立法院公告第七屆立法委員於 2008 年紀錄的基本資料為主。
2. 學歷：將擁有博士學位的立委定義為 1，其餘為 0。
3. 性別：將女性定義為 1，其餘為 0。
4. 黨籍：將立委黨籍為民進黨者定義為 1，其餘為 0。
5. 前期表現：根據公督盟的資料，若前一個會期被評鑑為優秀立委者，定義為 1，其餘為 0。

院外選區空間條件：

選區的空間條件中，選擇七大地理區的「北北基宜地區」，是表示立院的所在區域，而各「選區與的法院的距離」，則表示該選區與中央的遠近程度，「選區內選舉人數／面積」是選區內人口密度的表示，也能夠反映都市化的程度，而「選區內的選舉人數」則表示立委要投注於選區服務心力的依據。

6. 北北基宜地區：將選區位於北北基宜地區者定義為 1，其餘為 0。

7. 選區與立法院的距離：計算選區中心點與立法院在地理上的垂直距離（km）。

8. 選區內選舉人數／面積：表示選區內的人口密度，單位為人／平方公里。

9. 選區內的選舉人數：以中選會公告第七屆立法委員選舉得票概況中，選舉人數為主（人）。

院內立法行為：

院內的立法行為，我們參考公督盟所提供的資料，並選擇紀錄較完整且是常見能代表立委在院內表現的參數。

10. 立法院的出席率：以公督盟提供的立法院出席率為資料。

11. 委員會的出席率：以公督盟提供的委員會出席率為資料。

12. IVOD 公民評鑑分數：以公督盟所舉辦的公民評鑑分數為資料。

13. 委員會的口頭諮詢次數：資料來源為公督盟提供。

14. 委員會的書面諮詢次數：資料來源為公督盟提供。

我們將上述十四個參數分群。第一群是個人條件；第二群是選區條件；第三群為立法行為，並將這三群參數，獨立或配搭成六種模型（表4.2），計算這些參數對於該立委是否為優秀立委的分析影響（式（4.1））。

表 4.2 第七屆立法委員「優秀立委」panel 迴歸分析

		模型一	模型二	模型三	模型四	模型五	模型六
個人條件	前期表現			.408* （10.32）			.313* （5.55）
	民進黨籍	.163* （2.04）		.136* （3.14）		.243* （2.56）	.166* （2.70）
	年齡	-.001 （-0.15）		-.002 （-0.77）		.000 （0.00）	-.001 （-0.18）
	學歷	.166* （2.05）		.110* （2.50）		.109 （1.18）	.050 （0.84）
	性別	-.058 （-0.78）		-.033 （-0.84）		-.091 （-0.96）	-.076 （-1.24）
院外選區空間條件	與立院的距離	.058 （0.62）	.150 （1.39）	.068 （1.38）	.150 （1.39）	.104 （0.93）	.067 （0.97）
	選區選舉人數／面積	.037 （1.61）	.051 （1.49）	.022 （1.79）	.051 （1.49）	.040 （1.17）	.023 （1.08）
	選區選舉人數	.169 （1.16）	1.63* （2.23）	.065 （0.83）	1.63* （2.23）	1.62* （2.14）	1.33* （2.74）
	北北基宜地區	-.010 （-0.08）	-.049 （-0.32）	.038 （0.57）	-.049 （-0.32）	-.106 （-0.68）	-.098 （-1.01）
院內立法行為	立法院出席率		-.017 （-0.05）		-.017 （-0.05）	-.061 （-0.17）	-.036 （-0.10）
	委員會出席率		.267 （1.20）		.267 （1.20）	.230 （1.04）	.255 （1.09）
	IVOD公民評鑑		.006 （1.71）		.006 （1.71）	.005 （1.46）	.006 （1.65）
	口頭諮詢次數		.011* （3.23）		.011* （3.23）	.011* （3.17）	.011* （3.13）
	書面諮詢次數		.005 （0.77）		.005 （0.77）	.005 （0.82）	.004 （0.66）
	constant	-1.04 （-1.21）	-9.93* （-2.51）	-.463 （-1.00）	-9.93* （-2.51）	-9.63* （-2.31）	-7.99* （-3.00）
	N	584	256	511	256	256	256
	R^2	0.080	0.214	0.258	0.214	0.265	0.354

* 表示 $p < 0.05$，為顯著；value $= \beta(z)$；其中「選區與立法院的距離」、「選區面積」、「選區內的選舉人數」三個參數為 Log（原數值）。

$$Y_n = \chi_n \beta + e_n \qquad\qquad (4.1)$$

Y 爲依變項，分爲立委的優秀與不優秀表現，優秀爲 1，其他爲 0；以及在第八屆立委選舉中是否連任成功，連任成功爲 1，其他爲 0；χ 爲上述十四個控制變項；β 爲相關係數數值，條列於表 4.2、表 4.3，e 爲殘差。由於本文使用八個會期同個樣本的追蹤資料，故 n = T×I。

表 4.3　第七屆立法委員「是否連任成功」迴歸分析

	coef.（t）
優秀次數	.013（0.42）
與立院的距離	-.104（-0.57）
選區面積	-.044（-0.94）
選區選舉人數	.418（1.42）
民進黨籍	-.057（-0.35）
北北基宜地區	.055（0.23）
年齡	-.017*（-2.43）
學歷	.132（0.80）
性別	.024（0.17）
constant	-.542（-0.32）
N	73
R^2	0.212

* 表示 $p < 0.05$，爲顯著；其中「選區與立法院的距離」、「選區面積」、「選區內的選舉人數」三個參數爲 Log（原數值）。

二、院內優秀的院外空間迴歸分析

在第一節，本文使用立委的基本資料、選區的特性，以及立委的行爲表現爲參數，分別搭配成六種不同的模型進行迴歸分析，然而院外選

區條件，除了選區本身的資訊以外，選區之間的空間關係也是本文探討的重點，在本章節，本文將區域立委所在的選區，分成單純的相鄰矩陣（W1）、地理區域矩陣（W2），以及在相鄰矩陣中加入鄰近立委的表現（W3），並討論這三種不同的空間矩陣與六種模型的結果：

1. W1：相鄰空間矩陣，只要選區的邊界有相鄰，則彼此的關係定義為 1，其餘為 0。
2. W2：同區域且相鄰的空間矩陣，本文將臺灣分為七大地理區[1]，在同一個地理區內的選區，且選區邊界相鄰者，定義為 1，其餘為 0。
3. W3：相鄰且前期為優秀立委的空間矩陣，本文將 W1 中相鄰的選區挑選出來，檢視相鄰選區區域立委在前一期的表現，若是前期表現為優秀立委，則定義為 1，其餘為 0。

　　第二節中的六種迴歸模型，透過以上三種不同的空間矩陣重新加權後計算空間迴歸分析式（4.2），結果如表 4.4、表 4.5、表 4.6。

$$Y_n = \chi_n \beta_0 + W\beta_1 + e_n \qquad (4.2)$$

　　Y 為依變項，表示立委優秀與不優秀表現，優秀為 1，其他為 0；χ 為上述十四個控制變項；β_0、β_1 為相關係數值，條列於表 4.4、表 4.5、表 4.6；W 為三個不同的空間關係矩陣，為殘差。由於本文使用八個會期同個樣本的追蹤資料，故 n = T×I。

---

[1] 七大地理區為：北北基宜、桃竹苗、中彰投、雲嘉南、高高屏、花東及外島。

表 4.4　第七屆立法委員「優秀立委」panel 空間迴歸分析（W1）

		模型一	模型二	模型三	模型四	模型五	模型六
個人條件	前期表現			.409* （10.34）	.340* （6.20）		.313* （5.68
	民進黨籍	.166* （3.63）		.138* （3.15）		.215* （3.33）	.166* （2.71）
	年齡	-.001 （-0.28）		-.002 （-0.79）		-.001 （-0.13）	-.001 （-0.19）
	學歷	.168* （3.66）		.110* （2.53）		.088 （1.45）	.050 （0.87）
	性別	-.058 （-1.39）		-.033 （-0.84）		-.099 （-1.56）	-.076 （-1.28）
院外選區空間條件	與立院的距離	.056 （1.08）	.174* （5.00）	.068 （1.38）	.129* （3.90）	.100 （1.41）	.067 （1.00）
	選區選舉人數／面積	.037* （2.86）	.045* （2.12）	.022 （1.80）	.029 （1.46）	036 （1.64）	.023 （1.11）
	選區選舉人數	.172* （2.09）	1.45* （3.13）	.067 （0.86）	1.21* （2.79）	1.61* （3.22）	1.33* （2.81）
	北北基宜地區	-.011 （-0.16）		.038 （0.58）		-.117 （-1.16）	-.098 （-1.04）
院內立法行爲	立法院出席率		.106 （0.28）		.066 （0.19）	-.028 （-0.07）	-.035 （-0.10）
	委員會出席率		.391 （1.62）		.301 （1.33）	.310 （1.28）	.254 （1.11）
	IVOD公民評鑑		.009* （2.56）		.007 （1.90）	.008* （2.17）	.006 （1.69）
	口頭諮詢次數		.014* （3.76）		.010* （3.08）	.014* （3.80）	.011* （3.19）
	書面諮詢次數		.004 （0.62）		.003 （0.62）	.004 （0.72）	.004 （0.68）
	constant	-1.06* （-2.17）	-9.49* （-3.71）	-.470 （-1.01）	-7.73* （-3.22）	-9.84* （-3.59）	-8.00* （-3.07）
	N	584	256	511	256	256	256
	ρ	-.005 （-0.39）	.015 （0.72）	-.003 （-0.23）	.011 （0.56）	.000 （0.00）	-.001 （-0.03）

* 表示 $p < 0.05$，爲顯著；value $= \beta(z)$；W1 爲相鄰空間矩陣；其中「選區與立法院的距離」、「選區選舉人數／面積」、「選區內的選舉人數」三個參數爲 Log（原數值）。

表 4.5　第七屆立法委員「優秀立委」panel 空間迴歸分析（W2）

		模型一	模型二	模型三	模型四	模型五	模型六
個人條件	前期表現			.408* （10.33）	.341* （6.20）		.314* （5.68）
	民進黨籍	.163* （3.58）		.136* （3.10）		.218* （3.35）	.168* （2.73）
	年齡	-.001 （-0.26）		-.002 （-0.78）		-.000 （-0.14）	-.001 （-0.19）
	學歷	.166* （3.64）		.110* （2.51）		.089 （1.45）	.051 （0.87）
	性別	-.058 （-1.39）		-.033 （-0.84）		-.099 （-1.57）	-.077 （-1.29）
院外選區空間條件	與立院的距離	.057 （1.11）	.174* （4.96）	.068 （1.39）	.129* （3.87）	.101 （1.41）	.067 （1.00）
	選區選舉人數／面積	.037* （2.85）	.043* （2.02）	.022 （1.80）	.028 （1.39）	.036 （1.64）	.024 （1.12）
	選區選舉人數	.169* （2.06）	1.44* （3.08）	.065 （0.84）	1.20* （2.75）	1.62* （3.21）	1.34* （2.80）
	北北基宜地區	-.010 （-0.14）		.038 （0.58）		-.117 （-1.16）	-.098 （-1.03）
院內立法行為	立法院出席率		.110 （0.29）		.069 （0.20）	-.026 （-0.07）	-.034 （-0.09）
	委員會出席率		.386 （1.60）		.297 （1.31）	.306 （1.26）	.249 （1.09）
	IVOD公民評鑑		.009* （2.54）		.007 （1.89）	.008* （2.17）	.006 （1.70）
	口頭諮詢次數		.014* （3.76）		.011* （3.08）	.014* （3.81）	.011* （3.20）
	書面諮詢次數		.004 （0.62）		.003 （0.62）	.004 （0.71）	.004 （0.67）
	constant	-1.05* （-2.15）	-9.44* （-3.63）	-.464 （-1.00）	-7.70* （-3.16）	-9.92* （-3.56）	-8.07* （-3.06）
	N	584	256	511	256	256	256
	ρ	-.001 （-0.07）	.013 （0.59）	-.000 （-0.01）	.009 （0.44）	-.003 （-0.15）	-.004 （-0.16）

* 表示 $p < 0.05$，爲顯著；value = $\beta(z)$；W2 爲同區域且相鄰空間矩陣；其中「選區與立法院的距離」、「選區選舉人數／面積」、「選區內的選舉人數」三個參數爲 Log（原數值）。

表 4.6　第七屆立法委員「優秀立委」panel 空間迴歸分析（W3）

		模型一	模型二	模型三	模型四	模型五	模型六
個人條件	前期表現			.361* （5.97）	.293* （3.58）		.284* （3.43）
	民進黨籍	.118* （3.29）		.132* （3.18）		.159* （3.01）	.161* （2.73）
	年齡	.001 （0.08）		-.001 （-0.69）		.000 （0.21）	-.000 （-0.13）
	學歷	.125* （3.44）		.107* （2.57）		.065 （1.30）	.050 （0.89）
	性別	-.039 （-1.18）		-.032 （-0.83）		-.046 （-0.87）	-.069 （-1.16）
院外選區空間條件	與立院的距離	.046 （1.12）	.114* （3.81）	.067 （1.42）	.122* （3.60）	.073 （1.24）	.065 （1.00）
	選區選舉人數 ／面積	.025* （2.42）	.028 （1.61）	.021 （1.80）	.027 （1.40）	.022 （1.22）	.022 （1.08）
	選區選舉人數	.108 （1.67）	.777* （1.99）	.062 （0.82）	1.09* （2.42）	.896* （2.07）	1.23* （2.46）
	北北基宜地區	-.003 （-0.05）		.037 （0.59）		-.065 （-0.78）	-.091 （-0.98）
院內立法行為	立法院出席率		.042 （0.14）		.063 （0.18）	-.052 （-0.17）	-.039 （-0.11）
	委員會出席率		.273 （1.40）		.273 （1.25）	.244 （1.24）	.249 （1.13）
	IVOD公民評鑑		.007* （2.42）		.007* （2.00）	.006 （1.93）	.006 （1.69）
	口頭諮詢次數		.010* （3.31）		.010* （3.05）	.010* （3.30）	.010* （3.11）
	書面諮詢次數		.002 （0.52）		.003 （0.58）	.003 （0.58）	.003 （0.66）
	constant	-.716 （-1.86）	-5.35* （-2.44）	-.452 （-1.02）	-7.06* （-2.79）	-5.70* （-2.38）	-7.47* （-2.70）
	N	584	256	511	256	256	256
	ρ	.174* （8.44）	.170* （5.62）	.036 （0.99）	.044 （0.83）	.152* （4.74）	.025 （0.45）

* 表示 $p < 0.05$，為顯著；value = β(z)；W3 為相鄰且前期為優秀立委之空間矩陣；其中「選區與立法院的距離」、「選區選舉人數／面積」、「選區內的選舉人數」三個參數為 Log（原數值）

肆、研究發現

一、院內優秀的迴歸分析

　　從迴歸分析中發現（表 4.2），「前期表現」是影響立委是否優秀最主要的因子（模型三、四、六），而「個人條件」中，「黨籍」（本文以是否為民進黨為分類）與「學歷」皆有顯著表現，表示身為民進黨籍的立委，以及擁有博士學位以上的立委，較為優秀；在「院內立法行為」方面，立委在各會期委員會的「口頭諮詢次數」越多，表示對於立院議題的關心及諮詢態度積極，較能顯著表示該立委是否優秀的因子。以上是屬於院內的評鑑結果。

　　在院外，「院外選區的空間條件」中，「選區內選舉人數」對於立委表現優秀與不優秀有顯著表現，表示選區內的人數越多，越有優秀的表現，然而選區選舉人數較多也表示該選區位於都市層級較高的縣市（例如五都）。

　　在表 4.3 中，本文同樣以迴歸分析討論影響連任成功的因子，從「個人條件」、「院外選區空間條件」、「前一屆的評選為優秀立委的次數」中，得到「年齡」為唯一顯著表現的因子，本文認為，這樣的結果是因為大部分的立委皆連任成功，因此無法得到影響連任成功顯著表現的因子。

二、院內優秀的院外空間迴歸分析

　　迴歸分析是以「個人條件」、「院外選區空間條件」、「院內立法行為」等十四個參數單純的衡量哪些因子對於立委是否優秀的顯著表現，而空間迴歸分析，則是加入三種不同的空間矩陣（表 4.4、表 4.5、

表 4.6），以二維的矩陣關係進一步解釋優秀立委在空間中的分部特性。結果，以「相鄰且前期為優秀立委」之空間矩陣 W3 為顯著表現（模型一、二、五），而「相鄰矩陣」及「同區域且相鄰矩陣」則沒有模型為顯著表現；這表示立委所在的選區，若其相鄰的選區中，有立委的前期表現為優秀者，較能激勵該立委的表現，而在該會期中表現優秀。

伍、結論

　　根據公民監督聯盟所提供的 IVOD 評鑑分數來看，由於公民可以任意選擇兩名有興趣的立委進行觀察，再分組討論後給予評分，因此知名度較高的立委，較容易受到關注，也較常出現在優秀與被觀察立委（不優秀）的名單中；然而本文從三種不同的參數分群，以及空間矩陣來分析優秀立委的空間特性及影響其優秀與否的顯著因子時，發現在立法行為中，IVOD 公民評鑑分數與立委在委員會的口頭諮詢次數，皆顯著影響立委的優秀與不優秀。學運剛結束，公督盟執行長公布各委員會出席率、口頭諮詢率及開會時間與考察次數的報告：「顯示司法及法制委員會的出席質詢率皆墊底，希望該委員會召集委員呂學樟在考察中央研究院時，也要注意該委員會立委的立法表現」。的確，從本文的研究結果來看，立法表現中的口頭諮詢次數是評鑑立委優秀與否的一項重要因子。

　　再者，與出席率相關的選區條件中，與立法院的距離較近及選區內的選舉人數較多，是影響立委優秀表現的因子，與立法院的距離較近，立委的移動成本較低，的確會提升出席率，但是出席率卻不是顯著的影響因子。本文認為從選區內的人口密度、選區內的選舉人數等因子來解釋，選舉人數或人口密度越高的選區，越容易有優秀立委的產生，表示都市化程度越高，對於立委的優秀表現是有正相關的影響，因此像高雄市、臺南市等，雖然與立法院的距離較遠，但是有高鐵建設，確實縮短物理的空間距

離，也提高了南部立委的出席率，也說明了為什麼在選區條件中，與立法院的距離、選區內的選舉人數及選區內的人口密度，是影響立委優秀表現的因子，但是在出席率上卻沒有顯著表現。

最後，是立委的個人條件，黨籍以及學歷是表現顯著的因子，後者，本文認為與口頭諮詢次數有關，學歷較高的立委，在問政表現上也較為積極。

無論是迴歸分析，或是加入二維矩陣的空間迴歸分析，立委的前期表現，以及鄰近選區的立委的前期表現，是影響該立委是否表現優秀最重要的因子，本文認為，被選為優秀立委者在立法表現上較為突出，若是在下一個會期中落選，也會再改進立法表現，再次獲選為優秀立委，因此在時間序列與空間關係的分析下，立委的優秀表現，除了受到自己前一個會期表現影響外，也會受到鄰近立委前一期的表現影響，當鄰近選區的立委越優秀，該立委的立法表現便會越積極，產生一種良性的競爭關係。雖然本文是以區域立委為討論對象，在單一選區選舉制度下，相鄰選區間並不會有競爭關係，然而根據前人研究，選民重視選區服務程度大於選民政黨的立場，因此當隔壁選區立委積極參與選區服務時，自己選區內的選民也會關注該區立委的選區服務，同樣會影響下一次競選連任的機率。

在第參節研究架構與發現的第一段院內優秀迴歸分析中，我們看到立委的個人條件以「學歷」、「黨籍」影響其優秀表現，而公督盟使用的評鑑項目中，也以立法委員在委員會的「口頭諮詢次數」有顯著影響，以上這兩類控制變數，是屬於院內的、立委個人的、常見的參數。在本文的結果中，院外的選區空間條件，更具有影響力，「選區到立法院的距離」、「選區內的選舉人數／面積」、「選區內的選舉人數」與立委的優秀表現為顯著正相關；在空間關係矩陣方面，也是屬於院外選區條件的一部分，我們發現：以第七屆各會期優秀立委的選區分布來看，在第一會期時，的確優秀立委選區分布集中在北部地區，但是從第二會期開始，優秀立委選

區分布逐漸往中部、南部分布，從第四會期開始到第八會期，優秀立委的選區分布集中在南部地區，但是這些選區並沒有明顯的聚集效應，因此在相鄰空間矩陣與區域空間矩陣的迴歸分析中，並不顯著，但是「相鄰選區的前期表現為優秀者對於該選區立委的表現是顯著相關的」。

　　傳統對於立委的評鑑，是以院內的立法行為為主，其中又以本文的研究結果表示，立委在委員會的口頭諮詢次數最為顯著。然而本文所要探討院外選區的空間結構組成，則可以透過選區條件及空間關係矩陣發現，選區內的選舉人數多以及鄰近選區的立委表現優秀，對於該立委的表現影響最為顯著，選區與立法院的距離雖然只有模型二有顯著表現，但是相關係數值為正，表示選區與立法院的越近者，願意付出時間或成本於院內的參與，選區面積的相關係數雖然不顯著，但是皆為負，顯示花費同樣心力的前提下，選民服務範圍較大的立委，品質較不如選區範圍小的立委，因此評鑑為優秀的機率較低。從相鄰且優秀的空間關係矩陣 W3 為顯著來看，區域立委不僅授權來源於選區選民，鄰近選區的壓力也會刺激該立委於選民服務的表現，因此，本文認為，除了從院內的立法表現來觀察與評鑑國會以外，院外的選區結構及空間特性，也是作為觀察與評鑑立委表現，所值得探討的影響因子。

參考書目

BBC Election. 2010. Telegraph UK General Election 2010 results map. http://www.telegraph.co.uk/news/politics/2432632/UK-General-Election-2010-political-map.html

Roth E. R., Woodruff, A. W. and Johnson, Z. F. 2010. "Value-by-alpha Maps：An Alternative Technique to the Cartogram." *The Cartographic Journal* 47, 2: 130-140.

高世垣（2001）。〈選區服務與個人選票之建立〉。碩士論文，國立政治大學，

臺北。

高偉綸（2002）。〈區域與不分區立委代表行為之差異〉。碩士論文，國立政治
　　大學，臺北。

許懷仁（2013）。〈選制變遷對立法委員競選政見地方化之影響〉。碩士論文，
　　國立東海大學，臺中。

黃秀端（2008）。〈國會監督、立委表現與選舉課責〉。《臺灣民主季刊》第5
　　卷，第1期，頁161-169。

壹、前言

　　空間推論也是屬於空間計量方法的一種，在這個章節中，主要的研究目的是希望介紹一項新的空間推論技術，以彌補當前個體層次調查資料在選舉研究與認同態度空間分析上的不足，以便在使用個體層次資料進行空間分析時，能夠獲得更為豐富的資訊進行探討。由於近年來電腦技術的進步，地理資訊系統（geographic information system, GIS）漸漸廣泛運用在不同的研究領域，再加上空間計量分析方法（spatial econometric analysis）於理論模型的發展逐漸成熟，因此社會科學有相當多的研究皆運用空間分析來探討相關議題。[1]

　　臺灣的選舉研究一直以來皆強調政治版圖的重要性，從洪永泰（1994）

---

* 此篇全文已刊登於《地理學報》。感謝《地理學報》讓作者將此文收錄於專書中。
　林昌平、吳怡慧、徐永明（2015）。〈空間推論與政治行為：最大熵方法於調查研究資料的應用〉，TEDS 2012，《地理學報》，76：69-95。
[1] 例如朱開宇、范毅軍（2010）透過地理資訊系統（GIS）將唐代的交通路線圖建構於時空座標系統當中，以確立一項明確的時空體系，掌握其規模與空間變化等特質；而 Ward and Gleditsch（2002）則運用空間計量分析方法，探討國際關係領域中，國家與國家之間的國際衝突或國際合作，是否具有明顯的區域空間影響性以及空間的傳遞效果；Shin and Ward（1999）使用空間計量分析方法探討國防支出對周遭其他國家的空間影響性，檢測其間的空間相依性；O'Loughlin et al.（1998）則使用空間計量分析方法，探討國家的政府組織架構與行政過程是否有影響周遭國家的空間傳遞效果；而 Easterly and Levine（1999）則使用空間計量方法，分析各國之間經濟成長的外溢效果（spillover effects），探討經濟成長的外溢效果是否受區域性質影響。相關的分析還有紀玉臨與賴進貴（2010）同樣使用空間計量分析方法探討臺灣1991 年至 2001 年的區域經濟收斂假說；至於 Murdoch, Todd and Sargent（1997）則是使用空間計量分析方法探討公共財與外部性的空間性質。

透過政治指標的挑選，將投票結果依據不同特質的指標進行分群之後，即將調查資料帶入了空間分析的概念，並進一步探討影響選票分布的重要性。因此就選舉研究（政治版圖研究）與空間分析的整合而言，其實是相當順暢的，因為選舉研究本來就強調了地域與空間分布的概念。

過去亦有相當多使用空間分析進一步探討選舉分布的重要研究，例如鄧志松（2006）嘗試以空間分析探討 1996 年、2000 年以及 2004 年臺灣三次總統選舉所呈現的空間因素。其使用包括視覺化呈現、空間探索分析以及空間迴歸等方法，發現第一次總統選舉，因李登輝效應影響，選票的空間結構比較異常，其後之選舉在選票加總之後，縱使得票率互有消長，仍呈現相當穩定的空間結構。

至於賴進貴、葉高華、張智昌（2007）則認為臺灣選舉的投票行為須由空間觀點進行切入，而地區因素將支配單一選區制度下的選區劃分與選舉結果。該文將空間效應界定為空間異質性與空間相依性，論述其影響投票行為的過程，並藉由臺灣 2004 年總統選舉的實證研究發現三項結論：首先，投票行為具有空間聚集的現象，亦即在距離越近的村里中，投票行為越為相似；其次，傳統迴歸模式的誤差具有地域差異，顯現空間異質性的存在；最後，在控制性別、年齡、教育、就業、族群等社會因素後，鄰近的選民仍會互相影響，證明空間相依性的支配力。

而就國外的選舉研究而言，Baek, Lee and Lin（2004）針對南韓的選舉結果，探討選票之間的空間相關性與鄰近效果，發現選區與投票行為之間存在多元的影響性，亦即就南韓的總統選舉結果而言，其區域之間的鄰近效果是顯著存在的，說明空間相依性可解釋南韓選舉結果的區域化。

上述相關文獻皆為近年透過空間分析方法探討選舉分布的研究，換句話說，就政治版圖研究與空間分析的整合而言，近年的研究已相當豐富。然而過去的政治版圖研究，大多使用總體層次的資料進行政治版圖與空間分析的整合，但綜觀過去臺灣選舉研究的重要文獻，個體層次資料的使用亦是相當重要的，尤其是調查資料的分析，將可讓研究人員直接了解到當

前選民的投票行為與政治態度。

　　例如 Johnston and Pattie（2005）透過多層模型的使用，綜合探討1997 年英國大選中選民的家庭背景、個人與家庭特質以及總體性質的地區特性，對於選民投票抉擇的影響性。而蕭怡靖與黃紀（2010a）則同樣透過多層模型的建構，將選民個體層次與選區總體層次資料同時納入分析模型，並針對臺灣 2008 年的立委選舉，檢驗選民在「單一選區票」的投票抉擇與影響因素。該研究認為兼顧個體與總體層次的「多層分析」（multilevel analysis）是探討 2008 年立委選舉的最適當方式，就探討選民投票行為的因素來說，不僅可以包含選民自身的背景與認知態度，亦可同時探討外在環境對選民投票抉擇的影響。[2]

　　綜合上述，顯見將個體層次調查資料運用在選舉研究上是相當重要的，過去政治版圖的研究文獻，亦強調了同時討論個體層次與總體層次資料互動狀況的重要性。其中值得注意的是，在 Johnston and Pattie（2005）的分析當中，除了使用家庭背景、個人與家庭特質以及總體性質的地區特性等因素之外，亦考量選民居住地區鄰居的相關特質，也就是進一步關心 Stipak and Hensler（1982）提及選民政治態度與投票抉擇的第二項解釋途徑：「影響中介」，說明選民的投票抉擇將受到人際之間的影響在運作，顯示社會網絡中人與人之間的接觸與互動，將影響選民在政治態度及投票行為上的改變。只可惜 Johnston and Pattie（2005）的分析仍使用總體層次的資料說明選民與鄰居之間的共同特質，並未完全符合 Stipak and Hensler（1982）所強調的人與人之間的互動關聯性。

　　此外，亦有部分研究嘗試透過個體層次的資料，進行政治版圖的空間分析。當中最重要的莫如 Lin, Wu and Lee（2006）的研究，該文透過

---

[2]　其他相關文獻亦可參考黃信豪（2006）、黃紀（2008）、蕭怡靖（2009）以及蕭怡靖與黃紀（2010b），皆是使用多層模型綜合探討選民的投票行為是否受其個人特質以及總體政治經濟環境的影響，換句話說，是透過多層模型同時探討個體層次選民的政治態度與總體環境之間的相互影響關係，可見個體層次資料在選舉研究中的重要性。

1996 年與 2000 年臺灣民眾的調查資料，使用空間計量方法探討臺灣民眾的國家認同態度，其中使用兩種不同方式來設定空間迴歸模型中的空間矩陣，分別為「身處相同縣市」以及「屬於相同職業」，該文將空間計量的分析方式，由地理學研究帶入了政治版圖研究。至於徐永明、林昌平（2012）亦嘗試以選舉結果的空間分布與政治版圖的比較出發，探討與深化「地區性」因素對於個別候選人當選機率的影響，並針對「地區性」因素的性質區分為三項不同的方向：（1）強調該候選人所在地區本身的獨特性；（2）強調候選人所在地區之間的交互作用，以及（3）強調「政治」特質上的交互作用會較「地理」特質上的交互作用更為有意義。該文認為影響候選人當選機率的原因，並不完全在於個人的特質與政治條件，同時仍受到候選人的黨籍與空間關係的交互作用（interaction）所影響。

前述研究皆嘗試將個體調查資料帶入政治版圖的空間分析中，然而仍有其侷限之處，例如分析的地理空間單位為縣市層級，若再將所分析之地理空間單位細分到鄉鎮市甚至村里層級，將會面臨分析資料不足之問題。因此為何嘗試連結政治版圖與空間分析之研究，較少使用個體層次資料進行探討呢？本文統整過去的相關研究後，認為主要有兩項因素：首先是個體調查資料的空間資訊取得較為不易，若是面訪的調查資料，由於需要當面訪問，所以還較容易取得地址等精確的空間資訊；但若是電訪資料，由於是透過電話訪問進行調查樣本的蒐集，因此無法取得該樣本精確的相關空間資訊，僅可透過電話區碼了解受訪者的相對空間資訊。

其次，更為重要的是調查資料屬於抽樣資料，故每波調查資訊無法完全涵蓋所有的空間單位。以 2012 年 TEDS 的電訪資料為例，圖 5.1 將所有受訪者依據其空間資訊擺放至其相對位置上，此時若將空間單位定義為鄉鎮市區，圖中所有樣本點僅涵蓋 317 個空間點，並無法包含所有空間單位。由圖中亦可以看出大部分的受訪者，在地理空間上有著空間聚集的趨勢，於臺灣西半部有較多的受訪者，而東半部則存在較少的受訪者，這其中當然存在人口分布的比例性問題，但不可諱言的，調查資料因受到抽樣

方法的限制，在空間分布上是有所侷限的。[3]

　　至於圖 5.2 則是 2012 年 TEDS 面訪資料的樣本位置圖，若將空間單位定義爲鄉鎮市區，並把所有受訪者依據其空間資訊對應到其空間位置上，可以發現圖中所有的樣本點僅涵蓋 101 個空間點，不僅無法包含所有的空間單位，且較電訪資料更存在空間聚集的狀況，此點確實受限於調查成本的考量，然而很明顯地，若要將個體層次調查資料應用至空間分析中，調查樣本在空間分布上的侷限性將是第一項必須克服的議題。

　　換句話說，就選舉研究而言，將個體層次資料透過空間分析方法與政治版圖研究進行整合，其實具有相當程度的重要性。若能夠解決上述提及個體層次資料在空間分析上的侷限性，不僅將可連結個體層次資料與整體環境互動的關係，更可將個體層次資料延伸至空間分析的觀點，透過空間分析的角度，進一步完善政治版圖的研究。而本文所提出的解決方式是透過最大熵方法（maximum entropy method）的空間預測方式，測量個體層次調查資料的空間分布，以補足個體層次調查資料在空間點上的不足，以進一步進行政治版圖的空間分析。本文提出最大熵方法進行空間推論的主要目的，在於驗證其透過相關環境因素與鄰近地區得票率資料，對於無調查資料地區得票率的正確預測程度。若能夠驗證最大熵方法的預測正確性，則顯示此項分析方法可以被應用於政治行爲的空間推論。[4]

　　以下就本文章節安排進行說明，除本節爲前言，著重說明測量個體資料空間分布的重要性之外，第貳節介紹最大熵方法，並說明該如何透過最大熵方法將個體資料與空間分析進行整合；第參節則就「臺灣選舉與民

---

[3] 亦有部分研究嘗試探討個體層次的空間互動過程，例如 Lin, Wu and Lee（2006）、Lin and Lee（2009）、Yap（2011）、徐永明及周睿盈（2011）等，皆透過間接的實驗設計與分析方式探討選民投票行爲在空間上的相互影響關係，而本文則是透過測量個體層次資料的空間分布，直接補足調查資料在空間分布上的不足。

[4] 換句話說，本文提出最大熵方法進行個體調查資料空間推論的前提假設，在於「已經進行抽樣調查研究」的前提下，爲了衡量未抽樣地區的政治行爲，以便進行後續各項政治行爲的空間分析，故本文提出最大熵分析方法，希望能夠預測出無調查樣本地區的支持態度機率，此即本文所指之最大熵方法的空間推論。

主化調查」對 2012 年臺灣總統與立委選舉所進行的電訪與面訪調查資料
（TEDS2012-T 與 TEDS2012）進行說明，指出本文如何透過此項個體調查資料與運用最大熵方法，將個體資料的空間分布進行建置，測量選民於投票行爲上的空間分布態度；第肆節的實證分析則以 2012 年臺灣總統選舉的支持態度爲例，針對調查資料中蔡英文支持者的空間分布，透過最大熵方法進行測量，並直接將此項空間分布測量結果與實際各鄉鎮市區的選舉結果進行比較，以驗證此項最大熵方法的空間預測方式，的確可以測量出個體調查資料支持態度的空間分布，並可進一步測量其餘個體層次支持態度的空間分布；故第伍節則將個體層次資料的空間分布測量，延伸至選民的政治態度、政治參與以及政治知識等面向。最後，本文的結論說明將最大熵方法應用到個體資料空間分布的測量，可豐富未來個體資料進行空間分析的可能性。

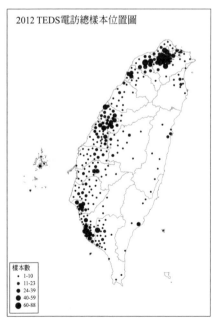

圖 5.1　2012 年 TEDS 電訪總樣本位置圖

圖 5.2　2012 年 TEDS 面訪總樣本位置圖

貳、生物預測模式、最大熵方法與空間分析的整合

　　最大熵方法原應用於生物預測模式，主要根據已知標的物種的分布資訊，以尋求最大熵的方式（即最接近均勻狀態的機率分布），來推估未知區域標的物種的空間機率分布型態（Phillips et al. 2006）。本文以最大熵方法來推估各鄉鎮市區總統選舉的得票率，乃是因為生物預測模式的資料屬性與調查資料屬性相似，皆為部分已知但不完整的資訊，故本文希望運用此項預測方法來測量個體層次資料的空間分布。

　　最大熵方法最早出現在生物預測模式，主因於生物保育與環境經營管理之研究，了解生物分布皆是非常重要的，但生物資訊的蒐集困難，且部分棲地環境是人力難以到達的。此時可藉由生物統計模式，由有限的生物資料來預測標的物種的分布型態（Austin 2007），常見的生物預測模式有：LR（Logistic Regression）、DA（Discriminant Analysis）、ENFA（Ecological Niche Factor Analysis）、GARP（Genetic Algorithm for Rule-set Prediction），以及 MaxEnt（Maximum Entropy）等。近年來，這些預測模式因為許多研究的測試與使用，並透過已知、有限的生物調查資料推估全域生物潛在的分布區域，已成為國際間公認的生物預測方法。

　　就已知生物資訊的運用而言，有些生物預測模式需要納入生物確實存在與確實不存在的資訊，例如：LR、DA；而有些模式則只需要以生物確實存在的資訊（presence only）進行預測，例如 ENFA、GARP 以及本文所使用的最大熵方法。在最大熵方法的空間推論過程中，將隨機對標的物種區分為兩部分，分別作為模式建構與模式驗證之用。其中，每一筆生物存在的資料，將包含空間資訊，以及這個空間內的環境因子，例如海拔、溫度、雨量、濕度等，模式會根據生物確實存在的環境屬性，挑選空間中其他屬性相似的空間單元，並計算生物於未知空間單元出現的機率值。最後，則由使用者選擇適當的方式（如期望值法）設定門檻值（threshold），若所預測的空間單元，其機率值高於門檻值以上，將認定

為潛在棲地範圍，機率值低於門檻值以下，則認定為不存在。[5]

　　而社會科學研究亦同樣面臨蒐集普查資料的困難性，故本文引用「生物預測模式」中的最大熵方法，從已知、有限的資料來推估其整體空間分布。就分析資料而言，生物預測分析是將存在生物出現的座標（X,Y）當作真 1 樣本，本文則以電訪／面訪的資料中，表態支持「蔡英文與蘇嘉全」的每一筆訪談的樣本，當作真 1，並且以這筆訪談資料所記載的鄉鎮市地理區位為出現座標（X,Y）；而環境因子則是放入這筆樣本所存在地理區位（鄉鎮市）的社會、經濟、人文與歷史背景，環境因子的資料形式，可以是階層資料（例如：省籍、社經地位、地理區位等）或屬性資料（例如：不識字率、2008 年總統選舉得票率、人口數等），選定好樣本與環境因子後，則逐層篩選其它地理區域，有類似社會、經濟、人文與歷史背景者，計算其與訪談樣本在政治上表態及行為一致的機率分布；最後，本文不設定門檻值，而是保留整體推估的機率值，做為此次政治表態或行為的預測結果。

　　過去的相關研究中，Johnston and Pattie（2000）即使用最大熵方法，對紐西蘭選民的分裂投票狀況進行估計，探討紐西蘭選民在 1996 年大選

5　此處補充說明生物預測模型中設定門檻值的原因。過去將最大熵方法運用在生物預測模型的相關分析中，在進行生物預測時，由於需要表示出某地區「是」、「否」有該生物的存在，故透過最大熵方法所得到的預測結果，需要整理成 1（是）與 0（否）的資料，因此透過最大熵方法預測完之後的機率值，將會以適當的方式設立門檻值，並依循該門檻值將預測機率值轉換為該地區「是」、「否」存在該生物。然而，本文將「最大熵方法之生物預測模型」應用在選舉研究的得票率（或是各項政治行為的政治版圖分布）時，因為預測的分布對象並非是稀有生物存在與否，故並不需要將預測得票率的機率值轉換成 0 與 1 的資料，因此本研究不設定門檻值，而直接保留原始的預測結果。同樣不設定門檻值的研究，可參見 Heumann et al.（2013）的分析，該文同樣使用最大熵方法，探討泰國北部農業區的作物分布狀態，並進一步以地理區位生態分布的角度，分析其自然環境因素與社會環境因素之間的互動關係。換句話說，門檻值的設定，並非使用最大熵方法進行空間推論的必要設定。該文的分析結果顯示，雖然自然環境會影響到作物的栽種，然而屬於社會因素的家戶特徵同樣是影響作物分布的主要決定因素，例如家戶資產以及鄰近鄰里的耕種作物等條件。

時，各政黨支持者進行分裂投票的狀況，並認為最大熵方法較能有效衡量
分裂投票。而 Johnston and Pattie（2001）更專文撰寫最大熵方法的主要
特色，說明此項方法如何能夠針對各政黨支持者於不同選舉區域的支持態
度進行估計，指出此項方法能有效地將地理面向的影響性帶入選舉研究
中。本文即嘗試在這些論點上，進一步結合最大熵方法與生物預測模式，
並應用於選民支持態度的空間推論上。[6]

一、最大熵方法（MaxEnt）

最大熵方法源自於物理學領域的熱力學，廣泛使用於統計物理學、語
音及影像辨識等，之後則被運用於生態領域（Philips et al. 2004; Philips
et al. 2006; Philips et al. 2009）。熵（Entropy）代表的是亂度，表示各種
事件的可能性（或是不確定性），當亂度增加，表示可能性越多，因此最
大熵方法希望達到平衡（equilibrium），以降低可能性。[7]故最大熵方法即
是在考量各種可能的不確定性下，求取各項事件發生性的均衡解，其原理
為：當資料分布狀態達到最大熵時，資料的理論分布會最接近實際分布，
詳細公式如下：

$$H(\hat{\pi}) = -\sum_{x \in X} \hat{\pi}(x) \ln \hat{\pi}(x)$$

$$\hat{\pi}(f_j) = \sum_{x \in X} \hat{\pi}(x) \ln f_j(x)$$

---

[6] Antweiler（2007）同樣在個體資料的分析基礎下，透過最大熵方法探討加拿大選民
投票行為的變化趨勢，並進一步估計出加拿大各政黨在歷屆選舉之間的變遷趨勢
（migration）。

[7] 其中鄭明城、孫志鴻（2004a, 2004b）介紹預測型模式於空間資料探勘的應用，並以
集集大地震引致山崩的資料庫進行分析。該文對於預測型模式中的決策樹演算法進
行介紹時，同樣提到最大熵方法的概念，不僅說明熵（Entropy）為引進熱力學中的
亂度的概念，並說明如何使用最大熵方法來降低預測的不確定性，可說是臺灣早期
提及最大熵方法的相關研究。

其中 x 為樣本資料，$\hat{\pi}$ 為接近研究區域真實機率的分佈，f_j 由環境因子與樣本出現記錄所組成的方程式，H 為熵。f_0 為虛無模型（null model），最大熵方法欲測量 f_j / $f_0$ratio 值，即求得 f_j 與 f_0 之間的最小距離。

　　為了判斷推論結果的優劣，最大熵方法以特徵曲線（Receiver Operating Characteristics, ROC）進行檢驗，特徵曲線是透過比較真陽性率（sensitivity）與假陽性率（1-specificity）的特徵為標準，進行圖像描述（圖 5.3）。其中，真陽性率代表預測該地區有標的物種，而實際上亦存在該物種，定義為 Y 軸。假陽性率代表推論該地區有標的物種，但實際上並未存在該物種，定義為 X 軸。故最好的預測結果將是坐落在空間座標軸（0,1）的位置，而 ROC 曲線下的面積（area under cuver, AUC）則可作為判斷模式分辨能力的指標，當 ROC 曲線的斜率越大、則曲線下的面積越大（AUC 值越高），表示模式判斷為正確的真陽性率越高，誤判為假陽性率越低。

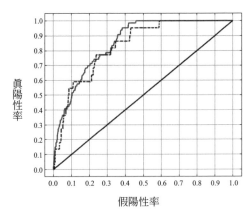

說明：對角線上的點為完全隨機預測的結果（AUC = 0.5）；而實線曲線為訓練樣本的預測結果；虛線曲線為測試樣本的預測結果。

圖 5.3　重複推估結果的特徵曲線圖

二、最大熵方法與空間分析

Wilson（1970a）是早期將最大熵方法由物理學領域引入到社會科學分析的重要著作，不僅詳細介紹最大熵方法的內容，並說明最大熵估計方法在系統性模型分析中的重要性。此外 Wilson（1970b: p126）一書中，亦說明了最大熵方法在空間互動模型（spatial interaction model）的運用，該文認爲最大熵方法非常適合透過地理環境因素提供訊息，並對於觀察值的空間行爲進行區域位置之預測。此點論述亦與本文的研究內容相同──驗證最大熵方法能透過社會環境因素與鄰近地區得票率資料，對無調查資料地區的得票率進行正確的推論。

雖然最大熵方法被引入地理學研究的時間點相當早，但近年來運用最大熵方法於地理學領域的相關研究，亦方興未艾。例如 Heumann et al.（2013）將最大熵方法運用在生態物種分布模型的地理區位分析上，該文使用最大熵方法探討泰國北部農業區的作物分布狀態，並以地理區位生態分布的角度，來探討自然環境與社會環境之間的互動關係。該文的分析結果顯示，雖然自然環境會影響到作物的栽種，然而屬於社會因素的家戶特徵同樣是影響作物分布的主要決定因素，例如家戶資產以及鄰近鄰里的耕種作物等條件。

至於 Lee et al.（2008）則延伸最大熵方法爲貝氏最大熵分析方法（Bayesian Maximum Entropy），並運用來探討都市的熱島效應（urban heat island）問題。該文認爲最大熵方法可就過去所記錄氣候資料中的遺漏值（missing value）進行插補，以提升熱島效應空間分析的可行性，此點亦與本文的研究目的相符合。該文並就貝氏最大熵方法與傳統線性地理插補的克里格法（kriging method）進行比較，分析結果顯示貝氏最大熵方法的精確度比克里格法高 35.28%，說明了最大熵分析方法在地理資料插補上的準確性。再次顯示了應用最大熵方法進行個體調查資料空間插補之準確性與可行性。

參、TEDS調查資料與空間資訊

　　本文使用 2012 年臺灣總統與立法委員選舉所進行的電訪與面訪調查資料，其中 2012 年總統與立法委員選舉電訪案（TEDS 2012-T）於選前進行了五波的獨立問卷調查樣本（執行期間為 2011 年 12 月 10 日至 2012 年 1 月 18 日），選後則有追蹤問卷（執行期間為 2012 年 1 月 14 日至 2012 年 1 月 18 日），本文使用的是該調查案選前五波獨立問卷的合併資料，樣本數共 4,806 筆。至於 2012 年總統與立法委員選舉面訪案（TEDS2012）則使用該調查案的獨立樣本資料，共 1,826 筆，調查時間為 2012 年 1 月中旬至 3 月中下旬。

　　這兩波調查資料皆是針對 2012 年總統與立法委員選舉進行選民的態度調查，但差別在於電訪資料屬於選前調查，而面訪資料是選後的調查資料。因此，本文認為在個體資料空間分布的推論上，若能以此兩波資料進行選前與選後的比較，將能夠更為明確的驗證本文所提出測量個體資料空間分布方法的有效性。

　　就本文的研究主旨──測量個體資料的空間分布而言，此處首先說明此兩波調查資料樣本的空間屬性。首先，TEDS 於 2012 年所進行的電訪調查資料，在抽樣過程中，相當程度考量其樣本的空間分配性質，其樣本除部分是來自於政治大選選舉研究中心所累積的電訪資料庫，以隨機亂數修正電話號碼的最後四碼來製作電話樣本。主要的樣本抽取是以「中華電信住宅部 99-100 年版電話號碼簿」為母體清冊，並依據各縣市電話簿所刊電話數占臺灣地區所刊電話總數比例，決定各縣市抽出之電話數比例，再採用等距抽樣法抽出各縣市電話樣本後，而為求涵蓋的完整性，則再以隨機亂數修正電話號碼的最後二碼或四碼，以求接觸到未登錄電話的住宅戶。[8]

---

[8] 黃紀（2012），「臺灣選舉與民主化調查 2012 總統與立法委員選舉電話訪問（TEDS2012-T）之研究設計」，政治大學選舉研究中心。

　　至於 TEDS2012 的面訪資料，同樣在抽樣過程當中考量其樣本的空間分布狀態。其抽樣設計採用三階段的系統抽樣法，運用「抽取率與抽出單位大小成比例」（probabilities proportional to size，簡稱 PPS）的原則進行獨立樣本的抽樣，並以中選會資料庫中，2008 年中華民國總統與副總統選舉合格選舉人數為依據。第一階段先依照各主要地理區抽出選區，第二階段則抽出選區中的村里。確立了抽選的村里，以及村里的代碼等資訊之後，第三階段再交由政大選研中心申請資料，並抽取正選樣本與預備樣本。其中地理區的劃分是將全臺灣劃分為六大地理區，並分別計算各地理區內合格選舉人數所占比例，決定各地理區預計成功樣本數。接著則依各地理區預定樣本數決定各地理區抽出的選區數、村里數與各村里樣本數，並採用三階段系統抽樣法，第一階段先依各地理區抽出選區，第二階段依中選選區抽出村里，第三階段則以中選村里抽出受訪者。此項面訪案共在全臺 315 個不同的村里進行面訪，其中包含 5 個重複的村里，而涵蓋的選區高達 60 個，占全臺灣 73 選區的 82%。[9]故就 TEDS 面訪調查資料而言，其樣本同樣涵蓋基本的空間屬性資料，並在抽樣過程中盡可能包含臺灣較多的選區範圍，以期能更準確的詮釋全臺灣選民的政治態度。

　　透過上述抽樣過程與空間屬性的介紹，可知此兩項調查資料的研究設計皆考量到樣本之空間分布，故透過行政區域的分層抽樣方式，嘗試依比例於各行政區域進行抽樣。然而透過抽樣方式所得出之調查資料，終究無法完全涵蓋所有的空間單元。以本文所使用的空間分析單位——鄉鎮市區行政區為例，若將調查資料中的每項受訪者態度，透過其空間屬性，將受訪者的態度對應到鄉鎮市區中，則可得到該變項的樣本空間位置分布。

　　就表態支持蔡英文的民眾而言，圖 5.4 與圖 5.5 即是將電訪與面訪調查的樣本資料，繪製於鄉鎮市區的位置分布，圖形中呈現表態支持蔡英文

---

[9] 朱雲漢（2012），「2009 年至 2012 年「選舉與民主化調查」三年期研究規劃（3／3）：民國一百零一年總統與立法委員選舉面訪案」，中央研究院政治學研究所。

民眾的空間位置資訊。就圖 5.4 的電訪資料來說，其中點的大小顯示樣本的數目，至於點的位置則是在所有電訪樣本中，表態支持蔡英文民眾的空間分布狀態，也就是本文嘗試進行空間推論的樣本資料。至於圖 5.5 的面訪資料，同樣顯示樣本數目與支持蔡英文民眾的分布狀態。

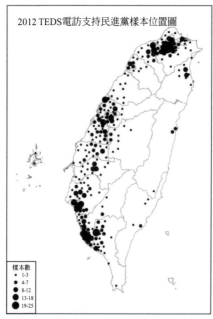

說明：TEDS電訪資料。

圖 5.4　2012 年蔡英文支持民眾樣本
　　　　位置圖

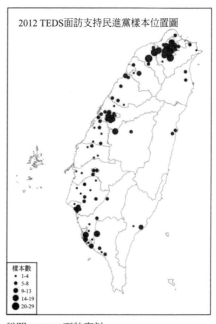

說明：TEDS面訪資料。

圖 5.5　2012 年蔡英文支持民眾樣本
　　　　位置圖

　　依據 2012 年 TEDS 所進行之調查訪問，在全體受訪樣本當中，於電話訪問中表態支持民進黨的受訪者共有 1,197 筆，而於面訪資料中表態支持民進黨的受訪者亦有 550 筆。然而若將各樣本資料放入空間位置當中，就空間單元的數目而言，因有重複落於相同村里的樣本，可以發現圖 5.4 中的電訪樣本點僅涵蓋 150 個空間點，而圖 5.5 的面訪樣本點更僅有 98 個空間點，顯見空間資訊點的缺乏，亦呼應本文前述所提及個體資料進行

空間分析的侷限性，因無法包含所有的空間單位。此外，從圖 5.4 與圖 5.5 的蔡英文支持民眾的空間分布狀態來看，亦可發現資料的分布，明顯的聚集在部分地區，其樣本點的分布相當集中在西半部五都地區，因此本文將以最大熵方法透過地理空間資訊與其他社會經濟指標進行空間推論，以彌補調查資料空間樣本點不足的問題。

最後，就 TEDS 的電訪與面訪資料而言，雖然其空間資訊包括更為細緻的村里單位，而本文選擇使用鄉鎮市區此項空間單位進行分析的原因有下列兩點。首先，在所有樣本資料中，受訪者回答到村里層級的資料會再次減少，為避免進行空間推論的困難度增加，因此本文將使用鄉鎮市區的空間單位進行分析。其次，若將空間推論的分析單位定義到村里層級，不僅在兩波調查資料中所呈現的空間資訊會減少，且本研究所欲推論的空間單位總體數目將大幅提升。換句話說，若計算總空間單位數目中，調查資料實際存在的空間單位比例，若使用村里空間單位，則不僅分子數目減少，且分母數目大幅提升，此項比例將大幅下降，提升空間推論的困難性。

肆、選票的空間推論與驗證

在說明了 2012 年 TEDS 兩波調查資料的樣本空間位置之後，以下則針對這兩波調查樣本中，本文所使用的題項進行說明。本文首先推論選民態度，並針對 2012 年總統選舉支持態度進行空間推論，而為了分析上的一致性，本文將以民進黨支持者做為分析對象。

表 5.1 為電訪與面訪資料中，受訪者針對 2012 年總統選舉所回答的支持態度次數與比例，從兩波調查資料的比較可發現蔡英文、馬英九與宋楚瑜三組候選人的支持比例，在電訪與面訪資料的呈現並沒有明顯的差異，僅面訪資料在宋楚瑜的支持比例上有明顯的下降，此點可能與面訪資

料屬於選後調查，選民的表態將與實際狀況有關。而本文即針對其中表態支持蔡英文的民眾進行空間分布測量與推論分析，並比較選前電訪資料與選後面訪資料的差異性，以進一步驗證本文所提出空間分布測量方式的有效性。

表 5.1　2012 年總統選舉支持態度（電訪與面訪資料）

	電訪		面訪	
	次數	百分比（%）	次數	百分比（%）
蔡英文與蘇嘉全	1213	25.23	550	30.12
馬英九與吳敦義	2154	44.82	840	46.00
宋楚瑜與林瑞雄	342	7.12	38	2.08
其他	1097	22.83	398	21.80
總計	4806	100	1826	100

資料來源：TEDS2012T 與 TEDS2012。
說明：灰階底色所標註範圍為本文實際所使用的分析資料。

一、最大熵方法的設定

本文以臺灣 358 個鄉鎮市為空間系統，並使用「2008 年總統大選民進黨候選人的得票率」、「省籍關係」（王甫昌 2002）、「地理區域」、以及「不識字率」等環境資料進行最大熵方法的空間推論。在 TEDS 的電訪與面訪問卷資料當中，有一題項為「如果明天就是投票日，您會把票投給哪一組候選人？」，本文將其中勾選「蔡英文與蘇嘉全」者視為 1，其餘則視為 0，並以環境變項當做自變項，加上空間因素，採用逐步迴歸的方式挑選變項進入迴歸式中。此項預測模式會依據視為 1 者所出現的鄉鎮市區，考量其環境因子的特性，推估整體也能視為 1 者的機率值，若 A 地視為 1 者的樣本數量多，表示此地支持「蔡英文與蘇嘉全」

的機率值較高，則與 A 地環境因子特性相似的 B 地，也會有較高支持「蔡英文與蘇嘉全」的機率值。最後，本文以最大熵方法推估各鄉鎮市區支持「蔡英文與蘇嘉全」的機率值做爲「得票率」的預測值，並與實際 2012年總統大選蔡英文與蘇嘉全在該鄉鎮市區的得票率進行比較，以驗證最大熵方法推論的準確性。

二、環境變項的選擇：九項環境變項

本文就各項環境因子的貢獻率，判斷此環境因子於空間推論過程中的重要程度，並依據第一次最大熵方法的分析結果，將貢獻率爲零的變數進行刪除，保留剩下的變數分別爲：2008 年 _ 民進黨得票率、省籍 _ 原住民、省籍 _ 外省、省籍 _ 客家、省籍 _ 閩南、區域 _ 花東、區域 _ 高屏、區域 _ 雲嘉南、不識字率等九個環境變數，再使用此九項環境變項做爲自變數進行預測分析。

分析結果如圖 5.6 所示，表示各鄉鎮市對於「蔡英文與蘇嘉全」支持率的預測機率值，本文分別將電訪與面訪的空間推論結果，與 2012 年總統大選民進黨候選人的得票率進行線性迴歸分析，嘗試了解本文的「預測」結果與「眞實」狀況的相關性。分析結果如圖 5.7 與圖 5.8 所示，圖形中的橫軸爲預測值，而縱軸爲實際得票率，圖 5.7 爲 TEDS 電訪資料的空間推論與實際狀況的比較，而圖 5.8 爲 TEDS 面訪資料的空間推論與實際狀況的比較。

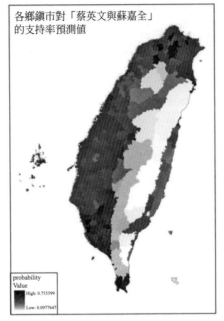

圖 5.6　「蔡英文與蘇嘉全」支持率預測值（以面訪為例）

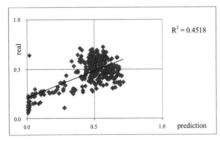

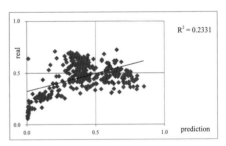

圖 5.7　TEDS 電訪資料預測結果　　圖 5.8　TEDS 面訪資料預測結果

　　從兩項比較圖形的 R^2 值來判斷，以電訪資料做預測分析的結果，較面訪資料的預測分析結果為佳，其原因可能與電訪資料的空間點位分布較為均勻，且樣本數較為豐富所致。因此，為修正抽樣資料造成空間上分

布不均質的問題[10]，我們加入 358 筆鄉鎮市本身的空間位置，並與抽樣資料之中勾選「蔡英文與蘇嘉全」者，共同視爲 1。這是假設每一個鄉鎮市內，至少有一位選民支持民進黨候選人，接著依據電訪與面訪提供的資訊進行支持筆數的累加；此處同樣以 9 個環境變項進行最大熵方法分析，其電訪與面訪的預測結果，與 2012 年總統大選民進黨候選人實際得票率進行線性迴歸分析的結果如圖 5.9 與圖 5.10 所示。

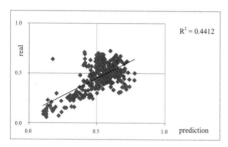 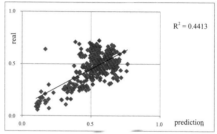

圖 5.9　電訪與空間樣本之預測結果　　圖 5.10　面訪與空間樣本之預測結果
　　　　　（九變項）　　　　　　　　　　　　　（九變項）

　　就圖 5.9 與圖 5.10 的比較結果而言，電訪資料的 R^2 值與圖 5.7 的比較結果相似，然而面訪資料的比較結果卻有著大幅的進步，其 R^2 值由

---

[10] 此處指出修正抽樣資料造成空間上分布不均質的問題，其前提爲針對「已經進行抽樣調查研究」的資料，因爲存在無抽樣調查資料的地區，因此本文提出最大熵方法對此項地區的資訊進行空間推論，如此即可使用涵蓋所有地區的資訊，進行空間分析，故本文認爲最大熵方法可以「修正個體調查資料分布不均質的問題」。廣義來說，最大熵方法的空間推論，就是一種「資料插補」方法，與傳統地理統計方法中的地理插補法（例如 kriging method 或是 kernel estimation），或是在時間序列分析中，針對時間序列資料的遺漏值，運用 Kalman filter 的概念進行時間序列資料的平滑插補，其研究目的皆是相同的，都是在資料有所缺漏或侷限的前提下，使用既有資訊來衡量各項資料整體趨勢與分布的分析方式。其中的差別僅在於 Kalmen filter 是使用時間序列前後期的實際資料進行平滑預測；而傳統地理統計方法中的空間插補，則是運用相鄰區域的實際資料進行預測；至於本文所提出的最大熵方法，不僅考量相鄰區域的實際資料，更加入了各地區的環境變項進行推論與預測，此點亦更符合社會科學的分析方法。關於此處針對空間分布不均質的討論，作者感謝審查者之一的建議與提醒，讓本文的分析能夠越臻完善。

圖 5.8 的 0.2331 進步到圖 5.10 的 0.4413，顯見本文先前所建立的假設：
「至少每一個鄉鎮市，皆有一位選民支持民進黨候選人」，對於選民支持
態度的空間推論是有所幫助的。[11]

　　依據前述分析，電訪原始資料所呈現的 R^2 值，較面訪原始資料的分
析來的高，這樣的差異應與兩種抽樣方式之樣本在空間分布上的差異有
關。電訪資料因為不需要人力到田野進行調查，因此抽樣樣本數可以提
高，抽樣的空間分布也能較為分散。依據此兩項因素，故在不加入空間
樣本假設的前提之下，其原始資料推估所呈現的 R^2 值較面訪資料的分析
結果要高。而當加入空間樣本假設來進行空間推論之後，原本相對分布較
為集中的面訪資料，因為無資料區域得到了至少一筆調查資料的補充，其
樣本分布不均質的情形，較電訪資料被改善的更多，故其 R^2 值比電訪資
料明顯提高許多。這樣的結果也顯示：「樣本若能在空間上分布的較為均
質」，其整體得票率的估算將能夠更貼近實際結果。其中，對於受到人力
成本侷限，樣本資料數較少，且空間分布較為集中的面訪資料而言，雖原
始資料的預測結果不如電訪資料，但在加入空間樣本假設之後，則明顯得
到較佳的改善，也顯示了此項空間樣本假設的有效性。

---

[11] 本文建立此項假設的主要目的，是希望在最寬鬆的假設下，能夠保有原始調查資料
的資料分布結構，並探討最大熵方法對於無調查資料地區的得票率預測狀況，最後
藉由與實際資料的比較，來說明最大熵方法對於得票率預測的有效性。由於最大熵
方法會將無調查資料地區視為 0，但是 0 可能代表真 0──即該地區的實際調查資
料值應為 0；或是假 0──即存在一調查資料值，但是卻沒有被記錄到。由於本文
是使用最大熵方法來預測選舉支持率，故若能將資料遺漏的區域補上「至少一筆支
持者的資料」，則可以避免假 0（即該地區實際存在一支持率，但是卻未被調查到）
對於分析結果的影響。更甚者，基於本文提出最大熵方法的主要目的，在於驗證其
透過相關環境因素與鄰近地區得票率資料，對於無調查資料地區得票率的正確預測
程度。若能夠驗證最大熵方法的預測正確性，則顯示此項分析方法可以被應用在政
治行為遺漏資訊的空間插補上（亦即本文題目所提及的空間推論意涵）。換句話
說，本文希望將最大熵方法推廣至各項政治行為遺漏資訊的空間推論，故若能夠將
假設條件設定在最寬鬆的限制下，如此一來將大大提升最大熵方法在各項政治行為
空間推論的可行性，因此本文使用最大熵方法對於無調查資料地區的得票率預測，
僅以「至少每一鄉鎮市，皆有一位選民支持民進黨候選人」做為空間假設條件。此
處亦感謝審查者之一的提醒，讓我們能夠對於此項假設的設定，有著更深入的思考
與討論。

三、環境變項的選擇：五項環境變項

　　因前述分析的九項環境變數中，仍有四項環境變數的貢獻率仍低於10%，表示這四個因子的影響程度較低，為提升預測結果的準確性，故本文再進行一次環境變數的刪減，僅保留 2008 年 _ 民進黨得票率、省籍 _ 原住民、省籍 _ 外省、省籍 _ 閩南、區域 _ 花東等五個環境變數，並同樣進行最大熵方法的預測分析。

　　在透過 2012 年 TEDS 電訪與面訪的原始調查樣本進行空間推論之後，同樣與 2012 年總統大選民進黨候選人的實際得票率進行線性迴歸分析，分析結果如圖 5.11 與圖 5.12 所示。本文將分析結果與圖 5.7 和圖 5.8 進行比較，發現將環境變項由九項刪除至五項之後，即使尚未加入「至少每一個鄉鎮市，皆有一位選民支持民進黨候選人」的假設，仍可發現無論是電訪與面訪的樣本資料，其空間推論的預測結果是有所進步的，就 R^2 值而言，電訪資料由 0.4518 上升至 0.5271，面訪資料亦從 0.2331 上升至 0.3902，顯見此處刪除四項貢獻度不及 10% 的環境變數是有所幫助的。

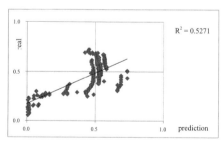 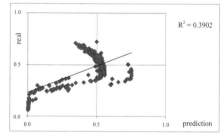

圖 5.11　TEDS 電訪資料預測結果　　圖 5.12　TEDS 面訪資料預測結果

　　其次，本文進一步加入前述的空間樣本假設，也就是設定每一個鄉鎮市區至少有一位支持民進黨總統候選人的選民，並將其空間推論之預測結果，與 2012 年總統大選民進黨總統候選人的實際得票率進行線性迴歸分

析，比較結果如圖 5.13 與圖 5.14 所示。

　　若將圖 5.13 與圖 5.14 與先前使用九項環境變數並加上空間樣本假設的分析結果進行比較（圖 5.9 與圖 5.10），同樣可發現使用調查資料進行選民支持態度在空間推論上的進步。其中電訪資料的 R^2 值由 0.4412 上升至 0.5696，而面訪資料亦由 0.4413 上升至 0.5070，顯見本文在前述透過模式分析結果，篩選影響程度較高、且重要的環境變數，以及加入空間樣本的假設，每項步驟皆對於透過個體層次的調查資料來進行整體空間推論有整體性的幫助。

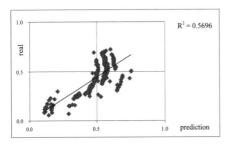

圖 5.13　電訪與空間樣本之預測結果　圖 5.14　面訪與空間樣本之預測結果
　　　　　（五變項）　　　　　　　　　　　　　（五變項）

　　整體而言，本文透過三個面向來討論 R^2 值的大小：第一，就環境變數而言，經過貢獻率的評估與篩選，以有效且重要的環境變數進行推估，所得到的預測結果與真實得票率的相關性較高；第二，以電訪資料的空間屬性而言，由於樣本分布較均勻，使得電訪資料的預測結果與真實得票率的相關性較高；第三，加上空間樣本假設後，可以彌補抽樣樣本分布不均勻的問題，使所得到的預測結果較純粹以抽樣樣本所做的預測結果為佳。

伍、臺灣政治地圖的繪製與限制

　　前述分析就個體資料的空間分布進行推論與比較，驗證以最大熵方法對個體資料的空間分布進行推論是可行的。緊接著，本文亦嘗試探討是否可透過個體調查資料中受訪者的政治態度，進一步推論與繪製臺灣的政治態度地圖，探討臺灣民眾的各項認同態度是否存在明顯的「版圖」。此時，此項地圖將是透過個體資料所繪製而成的，此點將與使用各地區總體性質的加總資料進行空間分析有所差異。

　　故本文續以 2012 年 TEDS 的調查資料，嘗試進一步透過最大熵方法的空間推論，繪製臺灣選民政治態度、政治知識與政治行為的空間地圖。其中進行個體層次資料空間分布測量的變項共有下列五項，分別為選民的政黨認同、統獨態度、政治知識、社團活動以及選舉參與。因為這些題項於 2012 年 TEDS 的面訪資料中較為完善，故以下的空間推論分析，都將使用 TEDS 的面訪資料進行討論，而透過先前選票空間推論的驗證，可知使用面訪資料進行空間分布測量推論應與使用電訪資料無明顯的差異。

一、政黨認同

　　本文首先透過 2012 年 TEDS 的面訪調查，以選民對於「政黨認同」的抽樣資料，來推論「民進黨認同」的空間分布，並直接透過個體層次資料繪製臺灣的政黨認同地圖。其中同樣使用臺灣 358 個鄉鎮市為空間系統，並加上「2008 年總統大選民進黨候選人的得票率」、「省籍關係」、「地理區域」以及「不識字率」等環境資料，使用逐步迴歸篩選貢獻值較高的環境變數，再以迴歸分析進行「民進黨政黨認同」的預測，進一步繪製民進黨認同地圖。

　　故本文使用 2012 年 TEDS 面訪資料中的「民進黨認同」態度題項，

延續前段所使用的十六個環境變數，以及貢獻率為零或過低的篩檢方式，來進行最大熵方法的預測分析。首先針對有表態的樣本進行計算：若在同一個空間單元下，所有樣本表態為國民黨較民進黨多時，則此座標（鄉鎮市）代表的自變數定義為 0；當表態支持國民黨與民進黨的樣本數一樣時，則此座標有一筆定義為 1 的自變數樣本；當表態支持民進黨者較國民黨者多時，則以相減後的樣本數累計（例如：支持民進黨有五個樣本、支持國民黨有兩個樣本，則以 5 – 2 = 3），此座標有三筆定義為 1 的自變數樣本。

　　圖 5.15 與圖 5.16 即為 2012 年 TEDS 面訪調查資料中，受訪者的政黨認同態度屬於民進黨認同的樣本空間位置狀態以及預測機率圖。其中本文透過圖 5.15 所提供的民進黨認同樣本位置，以有效的環境變數（前測貢獻率高於 10% 者），透過最大熵方法的預測，進行個體認同資料的空間分布測量，推論民進黨認同的空間分布狀態。

圖 5.15　2012 年民進黨認同樣本位置圖

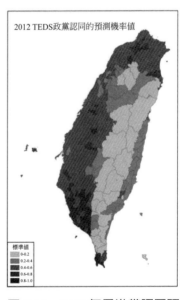

圖 5.16　2012 年民進黨認同預測機率圖

分析結果的預測機率值如圖 5.16 所示，就所得到的機率值而言，其民進黨認同的預測機率分布，與透過 2012 年總統大選所計算的民進黨支持率分布型態相似。在中部、南部與宜蘭等地區為民進黨認同度較高的區域，而桃竹苗以及花東等中央山脈沿線鄉鎮市區，為民進黨認同度較低的區域。顯見本文透過最大熵方法，針對個體調查資料進行民進黨認同的空間推論，其空間分布測量的方式是可行的。

此外，圖 5.16 的預測機率圖，是使用九項環境變項進行預測，然而在將此九項環境變項依循其貢獻度進一步刪減的同時，可能由於 2012 年 TEDS 面訪調查的抽樣資料較集中於五都（參見圖 5.15），故在移除了區域 _ 高屏、區域 _ 雲嘉南等環境變項之後，進一步的預測機率圖因為抽樣資料較聚集五都，使得南部的特徵將未被突顯。故就政黨認同的政治地圖繪製而言，本文使用九項環境變項探討民進黨認同的預測機率，若需進一步刪減環境變項，則受到調查樣本所限，無法確實呈現民進黨認同在南部地區的狀態，此項限制將有待未來調查方法在抽樣方式上的改善。

二、統獨態度

本文亦透過 2012 年 TEDS 的面訪資料，針對調查資料中受訪者的統獨態度進行空間分布測量。該項調查資料中存在關於民眾對於統獨認同態度的調查，題項中將民眾的統獨態度區分為六項強度，分別為「儘快統一」、「維持現狀，以後走向統一」、「維持現狀，看情形以後再決定獨立或統一」、「永遠維持現狀」、「維持現狀，以後走向獨立」以及「儘快宣布獨立」。其中，本文將就偏向獨立的選民態度進行空間分布測量，也就是包括「維持現狀，以後走向獨立」以及「儘快宣布獨立」兩項選項。

圖 5.17 與圖 5.18 分別為 2012 年 TEDS 面訪調查資料中，受訪者的統獨態度屬於支持獨立的樣本空間位置狀態和預測機率圖。就所使用的樣本

位置圖而言，2012 年 TEDS 面訪資料中支持獨立的樣本數雖然較少，然依其樣本的抽樣位置來看，其空間聚集的狀況應較政黨認同的狀況輕微，故本文同樣嘗試透過最大熵方法的預測，進行民眾支持獨立態度的空間推論。

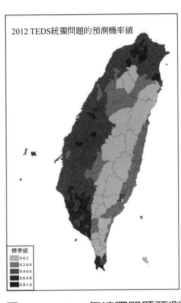

圖 5.17　2012 年支持獨立樣本　　　圖 5.18　2012 年統獨問題預測
　　　　　位置圖　　　　　　　　　　　　　機率圖

　　就所得到的支持獨立態度預測機率而言，圖 5.18 所呈現的預測機率以臺灣西半部支持獨立的機率較高，其中在西半部地區又以臺南、高雄等地區支持獨立態度的預測機率最高，且呈現聚集的狀態。此項統獨態度的空間預測結果，是直接使用 2012 年 TEDS 面訪調查資料的空間推論分析，因過去政治版圖的相關研究，除了透過選舉資料之外，較少使用相關調查資料進行空間上的討論與分析，並探討政治版圖的相關議題。故本文於此處提出一項可行的方式，透過最大熵方法的空間預測與推論，可提供一項討論政治版圖相關議題的方式，此處的統獨問題預測機率，即是一項政治地圖的範例。

三、政治知識

　　本文為希望能夠更為廣泛討論可進行最大熵空間推論的相關議題，以下則以調查民眾的政治知識與政治活動（社團活動與選舉參與）等調查議題為例，探討最大熵方法空間推論方法的適用性。首先針對 2012 年 TEDS 面訪資料中，受訪者的政治知識進行空間分布測量與空間推論。

　　在 2012 年 TEDS 面訪調查資料中，本文使用七項與政治知識相關的題組來做為討論臺灣民眾政治知識議題的依據，並進行臺灣民眾政治知識的空間推論，希望能獲得代表臺灣民眾政治知識的地圖。其中，使用題項包括「請問您：現任的美國總統是誰？」、「請問您：現任的行政院長是誰？」、「請問您：在我國，誰或哪個機關負責解釋憲法？」、「請問目前我國的財政部長是哪一位？」、「臺灣去年（民國一百年）底的失業率多少？」、「這次立委選後，立法院的第二大黨是？」以及「下面哪一位是現任的聯合國秘書長？」等七項。就這七題關於政治知識的調查結果來說，其中正確回答題數的平均數為 3.42 題，而中位數為 3 題，因為這些題項在鑑別度上有所差異，加上正確回答題數為離散變項，故本文依據其中位數，選擇正確回答題數大於中位數（3 題）的受訪者資訊，也就是受訪者答對 4 題（含）以上樣本，視此訪談對象為「政治知識」充足，做為此項政治知識政治版圖空間推論的真 1 樣本。

　　圖 5.19 與圖 5.20 即為 2012 年 TEDS 面訪調查資料中，受訪者政治知識的樣本空間位置狀態以及預測機率圖。圖 5.19 所顯示的政治知識樣本位置，代表前述七題與政治知識相關的題項中，受訪者答對四題以上樣本（政治知識較強）的空間位置圖。在圖中可看出其位置以臺灣西部以及都會地區為主，但仍包括了臺灣大部分的縣市，僅澎湖縣、新竹市、基隆市沒有樣本資料。

　　這些政治知識較強的受訪者樣本共有 875 筆資料，就空間位置而言，總共落在 170 個鄉鎮市上，本文同樣透過各項環境變項，使用最大熵方法

進行個體調查資料的空間分布測量，希望推論臺灣民眾政治知識的空間狀
態。所推論出的預測機率值如圖 5.20 所示，就空間推論的機率值而言，
探討的是該區域民眾政治知識較強的發生機率。從圖 5.20 的預測機率來
看，臺灣民眾政治知識較強者，主要集中於臺灣西半部以及都會地區，
此項分析結果雖與一般社會認知一致，但從圖 5.20 的預測機率來看，其
呈現仍受到調查樣本所限，故本文認為未來在進行調查研究時，其抽樣
過程應考量空間抽樣原理，應可改善本文探討政治知識在空間推論上的
侷限。

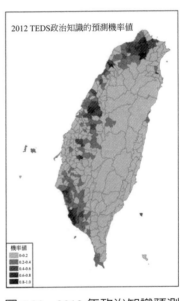

圖 5.19　2012 年政治知識樣本
　　　　位置圖

圖 5.20　2012 年政治知識預測
　　　　機率圖

四、社團活動

在社團活動議題的推論上，本文使用 2012 年 TEDS 面訪資料中的一項問題「請問您是否常常參加一些社團的活動？」做為定義受訪者是否有參與社團活動的依據，其中此項題項的回答共有四種選項，包括「時常」、「有時」、「很少」以及「從不參加」。本文在此處設定回答為「時常」、「有時」、「很少」為有參與社團活動，模式運算時，視為真 1 樣本；回答為「從不參加」者，則視為 0。

故在所有表態的 1,826 筆面訪樣本中，本文設定有參與社團活動的樣本數共 475 筆，也就是設定這 475 筆樣本為社團活動議題中的真 1 樣本，在空間位置上共占 156 個鄉鎮市，其樣本位置圖如圖 5.21 所示。從圖中的呈現，可看出有參與社團活動的樣本資料亦主要集中在臺灣的西半部地區，所有樣本仍包含了除澎湖縣、新竹市、基隆市以外的全部縣市。

此項議題的空間推論預測機率如圖 5.22 所示，從圖中可看出臺灣民眾的社團參與機率最高處，集中在五都的都會地區，至於其餘地區則有不同機率的社團參與呈現。就臺灣東半部與南部屏東地區而言，此項議題的空間推論，似較前項臺灣民眾的政治知識推論為佳，於不同區域存在不同機率的社團參與狀態。故本文認為在個體調查資料的空間推論上，其抽樣樣本數目並不一定要相當大（社團參與使用的樣本數為 451 筆，而政治知識所使用的樣本數為 875 筆），但若在樣本空間位置的坐落上較為平衡（也就是樣本分布均質，希望東半部的樣本資料充足），應可較為完善的進行各項議題的空間分布測量與空間推論。

圖 5.21　2012 年社團活動樣本位　　　圖 5.22　2012 年社團活動預
　　　　　置圖　　　　　　　　　　　　　　　　測機率圖

五、選舉參與

　　就選舉參與的議題而言，本文所使用的題項為「您在這次選舉期間，有沒有從事這些活動？」其中共有十四個選項，包括「閱讀選舉公報」、「閱讀候選人的傳單、快報或報刊廣告」、「觀看候選人的電視辯論會」、「擔任候選人或政黨的助選工作人員或義工」、「參加為候選人而舉辦的募款餐會或說明會」、「參加候選人的後援會」、「提醒親友觀看候選人的電視辯論會」、「遊說或勸說別人投票給某位候選人」、「捐款（包括購買餐券）」、「購買候選人周邊紀念品」、「配戴標誌或懸掛旗幟」、「受邀參加造勢活動」、「主動參加造勢活動」以及「瀏覽候選人網站」等。

　　就這十四項關於選舉參與的活動來說，其參與活動項目數量的平均數為 1.56 項，中位數則為 1 項。為避免受到離群值的影響，故本文依據其中位數，選擇參與活動數量大於中位數（1 項）的受訪者資訊，也就是以有參與上述兩種選舉活動（含）以上者，視為選舉參與政治版圖空間推論的真 1 樣本。故在選舉參與議題的設定上，本文以有參與上述兩種選舉活動以上者，視為有「選舉參與」，在模式運算時，將視為真 1 的樣本。圖 5.23 為選舉參與此項議題所使用樣本的空間位置圖，在面訪調查的 1,826 位受訪者資訊中，本文設定其中 796 筆選擇兩項以上活動的樣本為有選舉參與的調查樣本，此 796 筆樣本在空間位置上共包括 168 個鄉鎮市。

　　圖 5.24 則為選舉參與此項議題空間推論後的預測機率圖，與社團活動相類似的，所預測出的參與機率，在空間上集中於臺灣西半部與五都地區，然就本文所討論的最後三項議題而言，包括政治知識、社團活動與選舉參與，可發現後兩項議題的空間推論較佳，也就是在臺灣的不同區域大致存在不同預測機率的選舉參與狀態，可呈現本文的研究目的，進行臺灣民眾各項態度的空間推論，以繪製臺灣民眾不同議題的政治地圖。

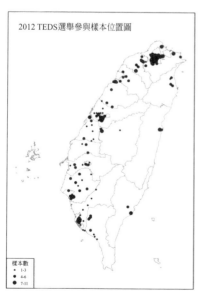

圖 5.23　2012 年選舉參與樣本位置圖　　圖 5.24　2012 年選舉參與預測
　　　　　　　　　　　　　　　　　　　　　　　　　機率圖

綜合上述分析，本文認為 TEDS 面訪資料所抽取的樣本，主要以西半部為主，其中五都的比例又較高（圖 5.2），故在政治態度（圖 5.15、圖 5.17）、政治知識（圖 5.19）或者政治行為（圖 5.21、圖 5.23）的問卷調查中，表態樣本的分布位置也是呈現類似的型式（pattern）。而這樣的空間分布特性將影響分析結果，使得西半部的預測準確性較高，故本文於每項預測分析中，假設沒有樣本之地區，至少有 1 筆表態資料，遂加入 358 筆鄉鎮市的空間樣本，讓整體抽樣樣本位置較為平均。

陸、結論

傳統抽樣方法，主要給予每個對象一個編號，並根據編號隨機取樣，其中每項編號被選取到的機率一致，且任意更換兩組編號，並不會影響抽樣的結果。因此，根據編碼或電話號碼進行取樣，皆屬於簡單隨機抽樣，並不考慮空間關聯，是傳統抽樣方法中最基本的抽樣模型（王勁峰等 2009）。然而，投票行為具有地域性的差異，早已倍受矚目，其中葉高華（2006）曾提到：「受到距離的影響，越鄰近的家戶所表現出來的選舉行為會越相近」；而賴進貴、葉高華、張智昌（2007）亦以空間異質性與空間相依性來界定空間效應，論述其對於投票行為影響的過程，認為「投票者在哪裡，是個必須被考慮的問題」，顯示了空間效應對於抽樣方法的重要性。

因此，越來越多的政治行為研究，應用調查資料進行空間統計與空間計量分析。然而，由於空間自相關違反了樣本之間「獨立、相等」的分布原則（Wang et al. 2012），故就抽樣方式而言，空間抽樣（spatial sampling）技術在考量空間相關性（spatial autocorrelation）和空間異質性（spatial heterogeneity）等特徵之下，對分析具有空間分布特性的經濟社會要素，應能使用較少的樣本點獲得較精確的區域估計，使抽樣方法具

有較高效率（Wang et al. 2013）。換句話說，當分析變數具有空間自相關性時，僅是提升樣本數，並未完全有效衡量調查資料的空間相關性，此時空間抽樣的運用，不僅進一步衡量調查資料之間的空間相關性，並可以降低樣本數，有效的減少調查成本。

　　整體而言，本文的主要貢獻應有下列兩點。首先，就個體調查樣本的空間資訊，點出其所在地理位置，運用最大熵方法並輔以環境特色因子，測量各項政治行為態度的整體分布型態，進行個體調查資料的空間推論。其次，針對未存在樣本資料的空間位置，本文提出「至少有一筆調查資料支持該題項」之假設，並驗證此項假設條件確實可幫助最大熵方法於政治行為上的空間推論。

　　最後，本文的研究建議認為目前調查資料的空間樣本，仍是以 358 個鄉鎮市為基礎，因此就樣本資料的空間分布，仍然存在西半部較密集、東半部較稀疏的分布型態。此點將使樣本分布較密集的西半部，具備較高的空間推論準確性。未來則有待開發較合適的空間抽樣技術，使樣本分布更為平均，如此將可提升抽樣效率，且進一步解決樣本空間分布不均質等問題。

參考書目

王甫昌（2002）。〈族群接觸機會？還是族群競爭？：本省閩南人族群意識內涵
　　與地區差異模式之解釋〉。《臺灣社會學》。第4期，頁11-78。

王勁峰、姜成晟、李連發、胡茂桂（2009）。〈空間抽樣與統計推斷〉。科學出
　　版社，北京。

朱開宇、范毅軍（2010）。〈唐代交通圖建構於時空座標系統：一個歷史學與地
　　理資訊系統結合的範例〉，2010《數位典藏地理資訊論文選集》，國立臺灣
　　大學地理環境資源學系，頁135-152。

朱雲漢（2012）。2009年至2012年《「選舉與民主化調查」三年期研究規劃
　　（3/3）：民國一百零一年總統與立法委員選舉面訪案》，中央研究院政治
　　學研究所。

洪永泰（1994）。〈選舉預測：一個以整體資料為輔助工具的模型〉。《選舉研
　　究》第1卷，第一期，頁93-110。

紀玉臨、賴進貴（2010）。〈區域經濟收斂與空間外溢效應—臺灣〉，1991-
　　2001。《地理學報》第58期，頁1-23。

徐永明、周睿盈（2011）。〈地方選舉中空間異質性的測量〉，「臺灣選舉與民
　　主化調查」2011年國際學術研討會：五都選舉（2011年12月03-04日）。臺
　　北，東吳大學。

徐永明、林昌平（2012）。〈選舉地理如何影響臺灣縣市長候選人的當選機
　　率〉，1989-2009。《人文及社會科學集刊》第24卷，第2期：頁121-63。

鄧志松（2006）。〈選舉的空間因素：以三次總統選舉為例〉。《國家發展研
　　究》第6卷，第1期，頁89-144。

黃紀（2008）。〈單一選區兩票並立制下選民之投票抉擇—分析方法之探討〉。
　　如何評估選制變遷—方法論的探討，黃紀、游清鑫主編，頁129-50。臺北，
　　五南圖書公司。

——．（2012）。臺灣選舉與民主化調查2012總統與立法委員選舉電話訪問
　　（TEDS2012-T）之研究設計，政治大學選舉研究中心。

黃信豪（2006）。〈多層模型估計於選民投票行為的應用：以2004年總統選舉為

例〉。《東吳政治學報》第22卷，頁161-201。

賴進貴、葉高華、張智昌（2007）。〈投票行為之空間觀點與空間分析〉。《選舉研究》第14卷，第1期，頁32-60。

鄒明城、孫志鴻（2004a）。〈資料探勘技術在集集大地震引致山崩之研究〉。《地理學報》第36期，頁117-31。

鄒明城、孫志鴻（2004b）。〈預測型模式在空間資料探勘之比較與整合研究：以集集大地震引致山崩之空間資料庫為例〉。《地理學報》第38卷，頁93-109。

葉高華（2006）。〈近朱者赤？近墨者黑？臺灣總統選舉藍綠變遷的鄰近效應〉，1996-2004，2006年臺灣政治學會年會暨「再訪民主：理論、制度與經驗」學術研討會（2006年11月25-26日），臺北，臺北大學。

蕭怡靖（2009）。〈選制認知與投票參與──2008立法委員選舉的多層分析〉。《政治學報》第47卷，頁29-58。

蕭怡靖、黃紀（2010a）。〈2008年立委選舉候選人票之分析：選民個體與選區總體的多層模型〉。《臺灣政治學刊》第14卷，第1期，頁3-53。

──．（2010b）。〈單一選區兩票制下的一致與分裂投票：2008年立法委員選舉的探討〉。《臺灣民主季刊》第7卷，第3期，頁1-43。

Austin, M. 2007. Species distribution models and ecological theory: A critical assessment and some possible new approaches. *Ecological Modelling*, 200: 1-19

Antweiler, W. 2007.Estimating voter migration in Canada using generalized maximum entropy.*Electoral Studies,* 26 (4): 756-771.

Baek, M., S. Y. Lee, and T. M. Lin. 2004. Neighborhood effect in Korean electoral regionalism. Paper presented at the Annual Meeting of the American Political Science Association, Chicago, September 2, 2004.

Easterly, W. and R. Levine. 1999. Troubles with the neighbors: Africa's problem, Africa's opportunity. *Journal of African Economies*, 7: 120-142.

Heumann, B. W., S. J. Walsh, A. M. Verdery, P. M. McDaniel and R. R. Rindfuss. 2013. Land Suitability Modeling Using a Geographic Socio-Environmental Niche-Based Approach: A Case Study from Northeastern Thailand. *Annals of the Association of*

American Geographers, 103 (4): 764-784.

Johnston, R. J. and C. J. Pattie. 2000. Ecological inference and entropy-maximizing: An alternative estimation procedure for spilt-ticket voting. *Political Analysis*, 8 (4): 333-345.

——. 2001. On geographers and ecological inference. *Annals of the Association of American Geographers*, 91 (2): 281-282.

——. 2005. Putting voters in their places: local context and voting in England and wales. In *The Social Logic of Politics: Personal Networks as Contexts for Political Behavior*, ed. Alan S. Zuckerman. Philadelphia, PA: Temple University Press.

Lee, S. J., R. Balling and P.Gober. 2008. Bayesian Maximum Entropy Mapping and the Soft Data Problem in Urban Climate Research. *Annals of the Association of American Geographers*, 98 (2): 309-322.

Lin, T. M., C. E. Wu and F. Y. Lee. 2006. Neighborhood' influence on the formation of national identity in Taiwan: Spatial regression with disjoint neighborhoods. *Political Research Quarterly*, 59 (1): 35-46.

Lin T. M. and F. Y. Lee. 2009. The spatial organization of elections and the cube law. *Issues & Studies*. 45 (2): 61-98.

Murdoch, J. C., S. Todd and K. Sargent. 1997. A tale of two collectives: Sulfur versus nitrogen oxides emission reduction in Europe. *Economica*, 64: 281-301.

O'Loughlin, J., W. M. Lofdahl, C. Cohen, J. Brown, D. Reilly, K. Gleditsch, and M. Shin. 1998. The diffusion of democracy, 1946-1994. *Annals of the Association of American Geographers*, 88 (4): 545-574.

Phillips, S. J., M. Dudík, and R. E. Schapire. 2004. A maximum entropy approach to species distribution modeling *Proceedings of the 21st International Conference on Machine Learning*, ACM, New York, pp. 655-662.

Phillips, S. J., R. P. Anderson and R. E. Schapire. 2006. Maximum entropy modeling of species geographic distributions, *Ecological Modeling*, 190: 231-259.

Phillips, S. J.,M.Dudík, J. Elith, C. H. Graham,A. Lehmann, J. Leathwick, and S. Ferrier. 2009. Sample Selection Bias and Presence-only Distribution Models:

Implications for Background and Pseudo-Absence Data. *Ecological Applications* 19 (1): 181-197.

Shin, M. and M. Ward. 1999. Lost in space: political geography and the defense-growth trade-off. *Journal of Conflict Resolution,* 43: 793-816.

Stipak, B. and C. Hensler. 1982. Statistical inference in contextual analysis. *American Journal of Political Science*, 26 (1): 151-175.

Wang, J.F., A. Stein, B. B. Gao, and G, Yong. 2012. A review of spatial sampling. *Spatial Statistics*, 2: 1-14.

Wang, J. F., C. S. Jiang, M. G. Hu, Z. D. Gao, Y. S. Guo, L. F. Li, T. J. Liu and B, Meng. 2013. Design-based spatial sampling: Theory and implementation. *Environmental Modelling and Software*, 40: 280-288.

Ward, M. D. and K. S. Gleditsch. 2002. Lcation, Location, Location: An MCMC approach to modeling the spatial context of war and peace. *Political Analysis,* 10 (3): 244-260.

Wilson, A. G. 1970a. The Use of the Concept of Entropy in System Modelling. *Operational Research Quarterly*, 21 (2): 247-265.

Wilson, A. G. 1970b. *Entropy in Urban and Regional Modelling*, Monographs in Spatial and Environmental Systems Analysis, London: Pion.

Yap, K. H. 2011. Incorporating local contexts into explaining voting behavior in Taiwan.*Issues & Studies*, 47 (2): 119-149.

第六章　空間抽樣*：調查研究之有效的空間抽樣分析

壹、前言

　　選舉研究中，常使用到電訪與面訪等調查資料，將這些調查資料應用到空間分析方法時，常會遇到一個問題：就是傳統的調查方法，雖然考量了樣本必須具有足夠的代表性，在抽樣過程中，運用了「抽取率與抽出單位大小成比例」（probabilities proportional to size，簡稱 PPS）的原則抽出受訪者，但是這些受訪者所在的位置，仍受到抽樣成本與便利性的限制，在空間中呈現分布不均質的型態（pattern）；選舉研究中，我們常探測的參數，像是投票行為、政黨認同、派系等，是具有地域性的差異，因此受訪者的位置，對於後續研究在進行空間效果分析時，有著重要的影響。在第五章的空間推論中，我們提到，若是調查方法，能夠從抽樣設計的架構中，以二維的方式來選擇合適的樣本，那麼受訪成功的樣本，在後續相關空間議題中，將能夠達到更有效的使用率。

　　在這一章中，作者以 2010、2012 年 TEDS 的資料為例，來解釋傳統的調查研究方法，與加入空間抽樣（spatial sampling）考量的修正抽樣方式，對於調查資料的判讀，是不是有明顯的影響。

---

* 此篇全文已刊登於《東吳政治學報》，感謝《東吳政治學報》同意讓作者將本文收錄於專書。
　徐永明、吳怡慧（2017），〈調查研究之有效空間抽樣分析——以 2010、2012TEDS 資料為例〉，《東吳政治學報》，第 35 卷，第 1 期，頁 143-177。

貳、問題與文獻回顧

　　電話訪問或面談訪問，是廣泛在選舉前用來推估選舉結果的調查資料，民調的結果與真實的選舉結果之間往往存在落差，造成評估不準確的原因有可能是資料缺失（missing data）、抽樣偏差（sampling bias）、或是受訪者不願意回答，以及回答不真實造成的錯誤報告（mis-report）。已完成的調查資料，受到抽樣設計的限制，在空間分析的應用中，會因為考量樣本之間的空間分布特性，而捨棄部分無法分析的樣本，許多過去的選舉研究資料，會以加權、加入具有空間特性的參數、或提出新的統計方法來修正推估結果。

　　本文認為，前人既以空間異質性與空間相依性來論述空間效應對於投票行為的影響（賴進貴等，2007），提到：「受到距離的影響，越鄰近的家戶所表現出來的選舉行為會越相近」（葉高華，2006）。那麼樣本的「空間」分布對於母體的估算則甚為重要。樣本分布均質是很重要的分析前提，如林昌平等（2015）證實：對於同年度的選舉調查，電訪資料由於樣本分布較面訪資料更為分散且均勻，其估算結果較接近真實情況（林昌平等，2015），且林昌平等根據空間抽樣假設，將原本無資料的區域補上假設性樣本後，推估效果明顯改善，更能接近選舉的真實結果（林昌平等，2015）。

　　近年來，預測市場逐漸成為常見的選舉結果預測機制，在地方選舉方面，童振源等（2011）根據未來事件交易所的交易資料，分析預測市場對2009年臺灣縣市長的選舉結果，研究顯示，預測市場對當選人預測的能力，在選舉前20天之後，便高於民調機構，預測準確度會隨著合約到期日的接近而逐漸增加。

　　此外，有許多學者利用各種統計方法來建構選舉預測模型，認為選民投票給某特定候選人的機率是介於0與1之間，因此若預測選民投給某一個候選人的機率高，則他投給該位候選人的可能性就大（楊佳芳，

2002；盛杏湲，1998）；用來建構選舉預測模型的參數包括：選民的政治態度及背景（盛杏湲，1998）或人口、政治態度及議題立場等（盛治仁，2001）。另有學者以 2012 年總統選舉選後的調查資料，透過多重插補法（multiple imputation）補足缺失的變數資料，此方法有調整投票偏好比例的功能，但調整誤差的幅度仍十分有限（Liu and Su, 2015）。以上研究以選舉變數推估未表態的資料，繼而預測選舉結果，是嘗試從「資料缺失」的角度來校正調查資料的準確度。

　　本文認為，每一份調查研究，根據其所關心的議題面向，有其適用的抽樣設計方式，而母體的「空間分布」特性，對於抽樣設計而言，是非常重要的。樣本的空間分布特性，對於調查研究而言確實為重要參數，樣本之間不具有空間相關性，則後續將調查資料作空間分析時，才能滿足樣本在空間中的「位置」是符合獨立。對於既有的抽樣樣本，所存在的空間均質性問題，的確不乏提出修正方法的文獻，面對舊有資料的侷限性，本文嘗試透過「抽樣誤差」的修正，重新估算民調資料，比較不同的抽樣方法對於預測選舉結果的成效。

參、研究方法

　　2012 總統選舉前後，TEDS 透過電訪及面訪蒐集問卷，估計各候選人的支持率（得票數／選舉人數）及整體投票率，然而，與選後，根據各投開票所統計，得到各候選人的支持率及整體投票率來比較，TEDS 的問卷資料，在馬英九與吳敦義這組候選人，所用來推估得票情形的支持率，是高估的，相對的在蔡英文及蘇嘉全這組候選人的支持率方面，則是低估，而整體投票率，面訪與電訪兩種調查方式所獲得的資料皆是高估了（表 6.1）。

表 6.1　2012 年總統選舉結果與 TEDS 訪查資料支持率比較

抽樣方法	%			
	國民黨	民進黨	投票率	樣本數
2012年總統選舉結果	38.10	33.70	74.38	
TEDS電訪資料	44.82	25.23	77.17	2032
TEDS面訪資料	46.00	30.12	89.21	1510

　　全國性的選舉資料如此，地方性的選舉資料如何？本文查看 2010 年的直轄市長選舉，無論當選候選人組為國民黨、或民進黨，調查資料的推估結果，對於當選候選人組皆為高估，對於競爭組皆為低估。而在投票率方面，則為高估（表 6.2）。高雄市選情較為特殊，因此將楊秋興與國民黨候選人的得票數相加，作為另一組指標比較。

表 6.2　2010 年直轄市長選舉結果與 TEDS 訪查資料支持率比較

選舉資料與調查資料	%			
	國民黨	民進黨	投票率	樣本數
2010臺北市長選舉結果	39.0	30.7	70.74	
臺北市TEDS資料	48.3	27.3	86.2	1131
2010臺中市長選舉結果	37.0	35.3	75.0	
臺中市TEDS資料	41.2	29.5	87.2	1168
2010高雄市長選舉結果	14.7	37.9	75.23	
高雄市TEDS資料	12.8	42.2	87.5	1177
	楊秋興 + 國民黨			
2010高雄市長選舉結果	33.9			
高雄市TEDS資料	32.2			1177

　　從以上資訊得到：選舉民調或許很難與真實投票表現一致，除了受訪者本身的回答意願及是否在選前改變心意以外，調查方法的設計也是影響

總統支持率及投票率估算的因素之一。

　　TEDS 的抽樣設計，無論是電訪在最後一階段爲求涵蓋範圍的完整性，所進行電話號碼後二碼或四碼的修正，以及面訪資料從一開始便以地理區進行不同階段的抽樣設計，無疑是以樣本能儘量在「空間」中分布平均作爲抽樣考量，但是，以電話號碼、或選舉名冊隨機抽樣，仍屬於傳統抽樣方式中，將每個樣本視爲一個編碼，每個編碼被選中的機率相同，因此，任意更換兩組編碼並不會改變抽樣結果。並且，考量調查便利性與抽樣成本，最後樣本的分布仍然是主要城市較密、其餘較疏或無分布（圖6.2、左上；圖 6.3、左上）。然而，若是依前人研究的結論：「投票行爲具有空間相依性」，那麼主要城市所抽取的樣本數多便是無效的。因此，本文認爲應該考慮到投票行爲，其空間自相關（spatial autocorrelation）與空間異質性（spatial heterogeneity）的特徵，發展合適的抽樣方法來進行調查。

　　在自然科學領域，例如：生態、環境、土壤、水資源、森林以及人類疾病等調查，樣本的空間布局對於研究結果影響很大，因此發展出各式空間抽樣方法，方法的核心是以空間中的點位爲抽樣單位，順應各種條件而有不同的設計，除了點位爲抽樣單位以外，也包含簡單隨機抽樣、系統抽樣、分層抽樣，以及其他抽樣方法設計（Earl, 1998）。「空間抽樣」技術雖然是以考慮空間特性爲特徵的一種抽樣方法，但是它的應用很廣且多元，例如在進行環境資源或社會經濟活動等調查時，能有較高的效率，即用較少的樣本數而獲得精確度較高的區域估計（Wang et al. 2013）。在文中，Wang et al.（2013）提出三種典型的空間抽樣應用：

1. 在未知、未做過調查的地區，建立樣點或採樣系統。即在空間中進行座標點位的抽樣，爾後調查員再依據衛星定位儀，到達獲選樣點進行資料蒐集，或是將研究範圍內的空間平均分成若干網格系統，在獲選網格內進行調查，此種抽樣的前提爲空間中的每一個點位或網格皆是均質的（姜成晟等，2009）。

2. 在已知的監測系統（如氣象站）或資料庫中，加入考量空間特性參數的統計方式。

3. 在已完成的調查資料中（如市政滿意度報告），依據資料屬性、抽樣方法修正其統計方法，讓結果更精確。

　　過去我們認為空間抽樣技術只能應用在未知的目標領域，但其實，對於舊有的、已知的調查資料，也可應用空間抽樣方法，加入空間結構的特性，修正其統計方式，讓資料結果更具可信度。

　　TEDS 所調查的 2012 年總統選舉資料或是 2010 年直轄市長選舉資料皆屬於已完成的抽樣調查資料，因此，本文參考 Wang et al.（2013）所提出的第三個空間抽樣應用方法，提出：

　　A. 空間結構加權分析方法：乃將各縣市的空間結構以人口數多寡為加權參數，重新計算 2012 年總統選舉 TEDS 的電訪及面訪的資料。

　　由於空間效應會影響到投票行為，本文認為，單純以空間結構來修正舊有的調查資料，仍無法有效解決樣本間空間相依性的問題，再者，抽樣的維度除了一維以外，應該考慮到二維的空間母體，若是在抽樣時，能以樣本與樣本之間的物理距離關係為參數，則可避免獲選樣本之間因具有空間相依性而產生的統計誤差，以下提出兩種三式，以樣本空間分布型態作依據的空間再抽樣方法：

　　B. 空間再抽樣方法：根據圖 6.1，空間抽樣的調查對象，除了未知的調查區域，例如自然環境調查以外，對於已知、具有樣本的對象，仍可提出更佳的統計推論方式。順勢 TEDS 的調查方法（PPS之分層抽樣），則「樣本分布」為「分層」，整體抽樣層級的分布，即「目標領域」為「空間分層」，採樣結果因為考慮空間相依性的特徵，故「統計值」歸類於「空間分層」，與不考慮空間特徵的「分層」有所區別；遂此空間再抽樣方法的思考邏輯及流程為（圖 6.1，B、1）：

母體已知 → 分層 → 空間分層 → 探就樣本資料分析 → 空間分層

再者，作者考慮到若任意兩個樣本落在相鄰的行政區界上，仍無法避免空間相依性的存在，因此，在方法 B 的架構中，再依照提「空間單元的界定」提出兩種子方法。

C.**空間抽樣方法**：方法 B 是從舊有的資料再抽樣，是將原本樣本空間分布的型態作修正，因此沒有取樣的地方則不在抽樣設計考慮範圍，而方法 C 則是不受到原有樣本分布的侷限性，將全臺灣 358 個鄉鎮市視為抽樣對象，讓「樣本分布」為「隨機」，而這些對象

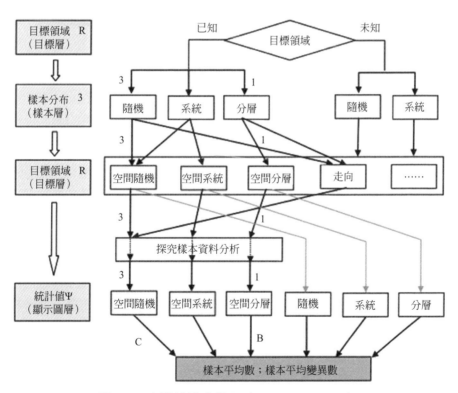

圖 6.1　空間抽樣流程圖（Wang et al., 2012）

所屬的「目標領域」為「空間隨機」，採樣結果因為考慮空間相依性的特性，故「統計值」歸類於「空間隨機」，與不考慮空間特徵的「隨機」有所區別；逐此空間抽樣方法的思考邏輯及流程為（圖6.1，C、3）：

母體已知 → 隨機 → 空間隨機 → 探就樣本資料分析 → 空間隨機

　　方法 B 與 C 在設計的考量上，有兩個著重點：第一，是希望選取不具有空間相依性的樣本，讓樣本與樣本彼此的距離獨立，不受到鄰近效應影響；第二，是降低抽樣成本，減少樣本數；當樣本之間的距離獨立時，每一個樣本的代表性便不受到鄰近效應的影響。

（一）以2012年總統選舉為例

　　2012 年總統選舉 TEDS 的電訪資料是由政治大學選舉研究中心執行訪問的（黃紀，2012），整個計畫是以 2012 年第 13 屆總統副總統及第 8 屆立法委員選舉為研究主軸，從 2011 年 12 月 10 日起，至 2012 年 1 月 18 日止，由 TEDS 召集人黃紀教授召開討論會議，擬定問卷的內容包含基本資料、政治參與、選舉認知、議題立場、政黨偏好等五大區塊，以戶籍設於臺灣地區（不含金門、馬祖）年滿二十歲以上的成年公民為調查訪問的母群，並且受訪民眾僅限於住家民眾或住商混合的民眾。在執行上分成兩個主要部分：選前獨立與選後定群追蹤，選前共計完成五波獨立樣本，各有 967、976、951、958、954 筆成功樣本，而選後定群追蹤則以選前成功的 4806 筆成功樣本為母體進行訪問，成功的樣本數為 2032 筆。選舉後的追蹤樣本資料，在抽樣方法上有兩種，一部分是以「中華電信住宅部 99-100 年版電話號碼簿」母體清冊來抽取，依據各縣市電話簿所刊電話數占台灣地區所刊電話總數比例，決定各縣市抽出的電話數比例，接著採用等距抽樣法抽出各縣市電話樣本後，為求涵蓋範圍的完整性，則再以隨機亂數修正電話號碼的最後二碼或四碼，以求接觸到未登錄電話的住宅戶。另一部分的樣本則是來自政治大選選舉研究中心所累積的電訪資料

庫，以隨機亂數修正電話號碼的最後四碼來製作電話樣本。共在全臺 170
個不同的村里進行電訪。在本文後續研究中，皆以選舉後的定群追蹤樣本
爲分析資料，雖然選舉後的追蹤資料，可能發生受訪者根據選舉結果回答
的風險，但也可能發生選舉當日跑票的情形，因此在斟酌資料使用時，本
文仍以選舉後的追蹤樣本爲分析資料。[1]

　　TEDS 的面訪資料爲「2009 年至 2012 年『選舉與民主化調查』三年
期研究規劃」之研究案，在三年期的計畫規劃中，第一年爲「民國九十八
年縣市長選舉面訪案」，針對縣市長、鄉鎮市長與縣市議員三合一選舉所
進行的面訪調查；第二年爲「民國九十九年直轄市市長選舉面訪案」，選
取臺北市、大臺中市（含舊臺中縣、市）、大高雄市（含舊高雄縣、市）
進行面訪；第三年則是「民國一百零一年總統與立法委員選舉面訪案」
（朱雲漢，2012），希望藉由探知選舉中民意取向，讓相關研究者能夠
對於選民的政治態度與投票行爲等議題有進一步的探索與瞭解；本文在第
二章第一節的總統選舉探討中，使用第三年期的研究成果，在第二章第二
節的直轄市長選舉探討中，則使用第二年期的研究成果。

　　面訪調查是運用「抽取率與抽出單位大小成比例」（probabilities
proportional to size，簡稱 PPS）的原則進行獨立樣本的抽樣，獨立樣本
實際進行訪問的對象以設籍於臺灣地區且年齡在二十歲以上具有選舉權的
公民爲訪問母群，第一階段先依照六大地理區抽出選區，第二階段再由選
區中抽出村里。確立中選的村里，以及村里的代碼等資訊之後，第三階段
再交由政大選舉研究中心申請資料，並抽取正選樣本與預備樣本，並在正
式訪談結束後，針對成功的獨立樣本進行再測信度訪問。共計完成 1826

---

[1] 在文章中所放的 2012TEDS 電訪總樣本分布圖，是以選前成功的 4806 筆樣本爲依
　據，這些樣本數爲選後定群追蹤的母體，因此作者以 4806 筆樣本的所在地與樣本數
　來繪圖；根據「臺灣選舉與民主化調查 2012 總統與立法委員選舉電話訪問之研究設
　計」報告書提到，選後定群追蹤的成功樣本數爲 2032 筆，因此文章中所用來進行分
　析的電訪樣本數皆爲 2032 筆成功樣本數。

份選前的獨立樣本，以及 1510 份選後的追蹤樣本，面訪案在全台 315 個不同的村里進行（其中包含 5 個重複村里），涵蓋選區高達 60 個，占全臺灣選區的 82%。[2]

I.1. 電訪資料

TEDS 的電訪資料為已知的調查資料，本文就已知樣本分布特性重新進行估算，提出：

A.空間結構加權分析：

依據國土資訊系統、社會經濟資料庫於民國 102 年所作的全臺灣以縣市為單位的人口統計資料，分成四個層級，再將 TEDS 所作的各縣市抽樣結果，包括投票率與總統支持率的平均值與之加權，得到重新分析過後的平均值。[3]

B.空間再抽樣方法 1：

由於電訪資料共抽取 170 個村里，為了能儘量保有原村里數，空間再抽樣方法 1 設定再抽樣的資料量要大於 170 個樣本，約為原資料量的 5～10%，在此以 5% 為抽樣比例；接著，以縣市為單位作分層抽樣，重新抽取各縣市 5% 樣本，累計為 239 筆；決定好抽樣比例後，將原資料以空間分布型態展示（圖 6.2），依照每一筆資料的座標系統，計算兩兩之間的距離，以隨機抽樣的方式，選擇 5% 的樣本數，且這些再抽樣的樣

---

[2] 文章中所放的 2012TEDS 面訪總樣本分布圖，是以 1826 份成功的獨立樣本為依據，而後續用來進行分析的樣本則是選後的 1510 筆追蹤樣本。

[3] 四個層級分別是縣市人口數達兩百萬以上、一百萬以上不足兩百萬、五十萬以上不足一百萬、以及五十萬以下。在加權方式上，0～50 萬人口的縣市投票率或候選人得票率×1（得一分）、50～100 萬人口的縣市投票率或候選人得票率×2（得兩分）、100～200 萬人口的縣市投票率或候選人得票率×3（得三分）、200 萬人口以上的縣市投票率或候選人得票率×4（得四分），重新計算過後的投票率或候選人得票率加總後，再除以所有縣市加總的得分，得到新的投票率或候選人得票率的結果。

本分布是均質的。[4]以上再抽樣過程採十重複，以十次結果的平均値爲結果（表6.3）。[5]

　　資料所使用的座標系統爲TWD97；方法中所指的樣本在空間中的兩兩距離，爲某一個樣本與其他所有樣本之間的直線距離，抽樣時，第一個樣本爲隨機抽樣，接著，根據與該樣點的直線距離計算空間相關性，在沒有空間相關性的樣點中再隨機抽取一個樣本，爲第二個樣本，而第三個樣本同樣也是與第一及第二個樣本沒有空間相關性的範圍中抽取出，以此類推，最後再檢定獲選樣本的分布是否爲隨機分布。

　　空間再抽樣方法2：

　　比照空間再抽樣方法1，同樣以原資料的5%爲抽樣比例，但是不根據縣市分層，而是直接以所有樣本在空間中的兩兩距離爲依據，讓再抽樣後樣本在空間中分布是均質且隨機的（圖6.2）。以上再抽樣過程採十重複，以十次結果的平均値爲結果（表6.3）

　　C.空間抽樣方法：

　　以358個鄉鎮市爲空間單元，進行空間隨機抽樣，抽取到的鄉鎮市從TEDS資料中選取樣本，若是TEDS沒有調查到的區域，則留白，由於TEDS的調查地點較爲集中，空間抽樣後的獲選鄉鎮市較爲分散，爲了讓樣本數與前兩種抽樣方式相仿，故在進行358個鄉鎮市空間隨機抽樣時，以100個鄉鎮市爲抽樣數（圖6.2）。操作方法使用ArcGIS9.3版軟體介面，將358個鄉鎮市的中心點標示出來，隨機選取100個在空間分布型態上，符合隨機分布的樣本。

---

[4] 檢定樣本的分布型態時，主要是計算某一個點，與其他點的最大距離（b）與最小距離（a），$f(x) = 1/b-a$，$f(x)$會落在0～1之間，再判斷$f(x)$值的均質程度。

[5] 以上操作使用ArcGIS9.3版軟體。

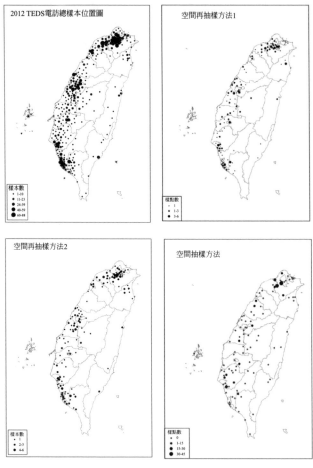

圖 6.2 （左上）2012 總統選舉 TEDS 電訪資料之樣本數與空間分布圖。

（右上）空間再抽樣方法 1 是根據 TEDS 資料所進行的再抽樣方式，其
樣本是從 TEDS 資料（左上）取樣而得，樣本數與空間分布如
圖所示。

（左下）空間再抽樣方法 2 是根據 TEDS 資料所進行的再抽樣方式，其
樣本是從 TEDS 資料（左上）取樣而得，樣本數與空間分布如
圖所示。

（右下）空間抽樣方法是以 358 個鄉鎮市為母體進行抽樣，共抽取
100 個鄉鎮市，獲選的鄉鎮市若 TEDS 有受訪資料，則以實
心表示，空心則表示缺值。

Ⅱ. 2. 面訪資料

同樣的，TEDS 的面訪資料也爲已知的調查資料，依照樣本分布特性重新進行估算，提出：

A.空間結構加權分析：

依據國土資訊系統、社會經濟資料庫於民國 102 年所作的全臺灣以縣市爲單位的人口統計資料，分成四個層級，再將 TEDS 所作的各縣市（新竹市、基隆市沒有獲選樣本，除外）抽樣結果，包括投票率與總統支持率的平均值與之加權，得到重新分析過後的平均值。

B.空間再抽樣方法 1：

根據 TEDS 資料的空間資訊，共抽取 315 個村里，因此再抽樣時，爲了能儘量保有原村里數，認定再抽樣資料量要大於 315 個樣本，約爲原資料量的 20%，接著，以縣市爲單位作分層抽樣，重新抽取各縣市 20% 樣本，累計爲 364 筆；決定好抽樣比例後，將原資料以空間分布型態展示（圖 6.3），依照每一筆資料的座標系統，計算兩兩之間的距離，以隨機抽樣的方式，選擇 20% 的樣本數，且這些再抽樣的樣本分布是均質的。以上再抽樣過程採十重複，以十次結果的平均值爲結果（表 6.3）。

空間再抽樣方法 2：

比照空間再抽樣方法 1，同樣以原資料的 20% 爲抽樣比例，但是不根據縣市分層，而是直接以所有樣本在空間中的兩兩距離爲依據，讓再抽樣後樣本在空間中分布是均質且隨機的（圖 6.3）。以上再抽樣過程採十重複，以十次結果的平均值爲結果（表 6.3）。

C.空間抽樣方法：

以 358 個鄉鎮市爲空間單元，進行空間隨機抽樣，抽取到的鄉鎮市從 TEDS 資料中選取樣本，若是 TEDS 沒有調查到的區域，則留白，由於

圖 6.3 （左上）2012 總統選舉 TEDS 面訪資料之樣本數與空間分布圖。

（右上）空間再抽樣方法 1 是根據 TEDS 資料所進行的再抽樣方式，
其樣本是從 TEDS 資料（左上）取樣而得，樣本數與空間分
布如圖所示。

（左下）空間再抽樣方法 2 是根據 TEDS 資料所進行的再抽樣方式，
其樣本是從 TEDS 資料（左上）取樣而得，樣本數與空間分
布如圖所示。

（右下）空間抽樣方法是以 358 個鄉鎮市為母體進行抽樣，共抽取
100 個鄉鎮市，獲選的鄉鎮市若 TEDS 有受訪資料，則以實
心表示，空心則表示缺值。

TEDS 的調查地點較為集中，空間抽樣後的獲選鄉鎮市較為分散，為了讓樣本數與前兩種抽樣方式相仿，故在進行 358 個鄉鎮市空間隨機抽樣時，以 100 個鄉鎮市為抽樣數（圖 6.3）。

從問卷題庫中，選擇「這次的選舉是否有去投票？」以及「請問這次選舉是投給哪一位候選人」兩個問題，進行三種空間再抽樣方法的推估，並將「馬英九與吳敦義支持率」、「蔡英文與蘇嘉全支持率」，以及整體「投票率」的推估結果，整理為表 6.3，與 2012 總統選舉的結果及 TEDS 的訪查資料作比較。[6]

（二）以2010直轄市長選舉為例

從上一節中，我們得到空間抽樣技術在估算全國性調查資料時，是能降低成本且更有效率的，若是以臺灣呈南北狹長的地理結構也能夠進行以「物理距離」為抽樣的依據，那麼地方性的選舉，縣市的幅員更為方正來看，也許可以估算的更準確，因此本文接著以直轄市長選舉為例，試算空間抽樣方法是否能應用在地方性選舉上。

TEDS 於 2010 年在臺北市、大臺中市（舊臺中縣、市）、大高雄市（舊高雄縣、市）作了直轄市長選舉調查資料，同樣依照「抽取率與抽出單位大小成比例」的原則，但因為都市化程度不同，臺北市採用「兩階段抽樣法」，即第一階段由每一個行政區（鄉鎮市層級）抽出里、第二階段則從村里抽出受訪者。臺中市與高雄市由於縣市合併後，幅員廣大，且各行政區（鄉鎮市層級）變異相當大，因此先以十四項人文區位變數進行分層[7]，共分得五層，再採用「三階段抽樣法」，即第一階段從人文區位分層

6　本文使用 TEDS 釋出的原始資料，並且將無反應項（包括還沒有決定、不會去投、投廢票、看情形、不知道與拒答）納入計算百分比之分母。

7　人文區位的變數包括：人口密度、大專畢業以上人口比例、農漁戶數比例、工廠登記家數、自來水普及率、稅課（決算）收入、歲計（決算）支出、教科文支出／人口、人口／醫生、六十五歲以上人口比例、遷入人口比例、遷出人口比例、人口流動比例、以及青壯年（二十至三十九歲）人口比例等十四項。

中抽出區、第二階段抽出里、第三階段再抽出受訪者（TEDS，2010）。

　　這些資料為已知的調查資料，根據其抽樣方式，本文就已知樣本分布特性重新進行估算，提出：

A.空間再抽樣方法 1：

　　根據 TEDS 資料的空間資訊，為了降低再抽樣樣本數，又要大於原抽樣的村里數，故以「區」作分層、區內樣本的 10% 為抽樣比例，進行分層抽樣（圖 6.4、右上、以高雄市為例），共抽取 113 筆樣本。以上再抽樣過程採十重複，以十次結果的平均值為結果（表 6.4）。

B.空間再抽樣方法 2：

　　比照空間再抽樣方法 1 的樣本數，取整數 100 個樣本為抽樣群體，與方法 1 不同的是，方法 2 是以所有樣本本身的物理距離為參考，採取簡單隨機抽樣所獲得（圖 6.4、左下、以高雄市為例）。以上再抽樣過程採十重複，以十次結果的平均值為結果（表 6.4）。

C.空間抽樣方法：

　　以市內所有的里為抽樣單位，抽取整體 10% 的里為訪查對象，獲選的里若有 TEDS 的調查資料則進行計算，沒有者則是為缺值（圖 6.4、右下、以高雄市為例）。

　　從問卷題庫中，選擇「這次的選舉是否有去投票？」以及「請問這次選舉是投給哪一位候選人？」等問題，進行三種空間再抽樣方法的推估，並將「國民黨候選人支持率」、「民進黨候選人支持率」、以及整體「投票率」的推估結果，整理為表 6.4 及表 6.5，與 2010 直轄市長選舉的結果及 TEDS 的訪查資料作比較[8]。

---

[8] 由於高雄市的選情特殊，因此將楊秋興的支持率考慮進來，新增一項與國民黨合併的資料。

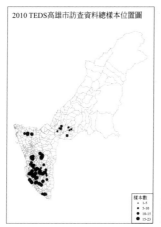 

圖 6.4　（左上）2010 年直轄市長選舉，TEDS 高雄市長資料之樣本數與空間
　　　　　　分布圖。
　　　　（右上）空間再抽樣方法 1 是根據 TEDS 資料所進行的再抽樣方式，其
　　　　　　樣本是從 TEDS 資料（左上）取樣而得，樣本數與空間分布如
　　　　　　圖所示。
　　　　（左下）空間再抽樣方法 2 是根據 TEDS 資料所進行的再抽樣方式，其
　　　　　　樣本是從 TEDS 資料（左上）取樣而得，樣本數與空間分布如
　　　　　　圖所示。
　　　　（右下）空間抽樣方法是以里為空間單元進行抽樣，共抽取母體 10% 里
　　　　　　數，獲選的里若 TEDS 有受訪資料，則以實心表示，空心則表
　　　　　　示缺值。

肆、研究發現

（一）以2012年總統選舉為例

　　從表 6.3 的結果得到：已知的調查資料，透過族群量差異的空間結構加權調整後（A），支持率及投票率與原本的資料並無明顯的差異，仍不夠貼近眞實的結果；作者將空間再抽樣方法或是空間抽樣方法，所估算的結果，與 TEDS 的數值作顯著性差異檢定，並無顯著性差異，但是其所估算的結果卻比 TEDS 的資料更接近眞實結果，且樣本數皆只有 TEDS 資料的 20%、5%，甚至更低，表示在進行投票行為調查時，考慮取樣的空間效應是必要且能更有效的推估，成本低也較為經濟。

表 6.3　各種空間抽樣方式所獲得的總統支持率與投票率之估計值比較（以2012 年）

抽樣方法	%			
	國民黨	民進黨	投票率	樣本數
2012總統選舉結果	38.1	33.7	74.4	
TEDS電訪資料	44.8	25.2	77.2	2032
A空間結構加權分析	45.4	24.3	76.6	2032
B空間再抽樣1 －分層抽樣法，以縣市為單位	46.1	25.9	79.9	239
空間再抽樣2 －以樣本間物理距離隨機抽樣	43.9	28.9	78.2	239
C空間抽樣 －以鄉鎮市間物理距離隨機抽樣	39.6	27.8	67.5	212
TEDS面訪資料	46.0	30.1	89.2	1510
A空間結構加權分析	45.4	29.2	88.5	1510
B空間再抽樣1 －分層抽樣法，以縣市為單位	45.9	26.9	86.0	364
空間再抽樣2 －以樣本間物理距離隨機抽樣	43.7	30.5	89.0	364
C空間抽樣 －以鄉鎮市間物理距離隨機抽樣	45.7	31.1	89.3	457

資料來源：中央選舉委員會網站，及臺灣選舉與民主化調查網站

　　以電訪資料來看，空間抽樣方法（C）所推估的國民黨支持率及投票率，皆是最接近眞實得票率與投票率，民進黨支持率的推估值的確也能夠提高 TEDS 的推估效果，更貼近眞實的得票情形；因此，以估算效果來看，空間抽樣方法（C）的推估最佳，能同時在兩黨的支持率與投票率的推估上，獲得顯著的效果。

　　就面訪資料來看，則是以空間再抽樣方法 2 與空間抽樣方法（C）的推估效果較好，能夠在國民黨與民進黨的支持率上，有效的將 TEDS 的原始資料趨近選舉結果，投票率的估算也能降低 TEDS 的估算結果與眞實投票情形的誤差，因此在兩種三式的估算效果比較上是較爲理想的。

　　面訪與電訪資料在重新作空間抽樣時，推估效果較佳的抽樣方法並不相同，以電訪而言，空間抽樣方法（C）較佳；以面訪而言，空間再抽樣方法 2 與空間抽樣方法（C）較爲理想。

　　空間再抽樣方法 2 與空間抽樣方法（C）在面訪資料的推估結果不相上下，會有這樣的差異性，主要是受到原始資料分布的問題，面訪資料因爲樣本分布較爲侷限，許多空間抽樣方法（C）選擇到的鄉鎮市爲缺值，因此在估計上不如面訪資料來的推估有效。即使能夠有效用來估算兩種訪查資料的空間抽樣方法不同，但相同的是，這兩種方法顯示出沒有分層的抽樣結果較有分層的更接近眞實值，這是因爲空間抽樣的前提是避免樣本之間的空間自相關，當分層抽樣是以行政區（縣市或鄉鎮市）爲單元時，在不同分層的獲選樣本可能坐落在相鄰邊界上，仍會有樣本間空間自相關的問題；因此，在進行空間抽樣時，分層的抽樣可能不能單純以地理位置作分層，而是以其他人文社經條件來區隔，會更加理想。

（二）以2010直轄市長選舉為例

　　這三個直轄市的抽樣結果略有不同，以鄉鎮市層級來看，臺北市是每一個區內皆有抽樣樣本，臺中市與高雄市則是部分區域內採樣，因此，空間再抽樣方法 1 與 2（A、B）對於重新估算臺北市的候選人支持率及投

票率是較空間抽樣方法（C）來的接近 TEDS 的抽樣數據，原因是空間抽樣方法（C）所抽取的樣點雖然分布上最為隨機，但是是以「里」為抽樣單元，礙於 TEDS 的資料限制（每個區內僅約有 4 個里有樣本分布），獲選樣本有部分缺值，雖然無法估算完整，但是能減少過於密集的樣本之間的鄰近關係，反而能夠有效的推估真實選情。而臺中市與高雄市並沒有每個區內皆進行取樣，當進行空間再抽樣時，空間再抽樣方法 1 及 2（A、B），與空間抽樣方法（C），皆能調整 TEDS 的推估結果，但較無法看出哪一個方法最有效。

　　三種空間再抽樣方法的樣本數約略為 100 個樣本，是 TEDS 樣本數的十分之一，但是所估算的結果，受限於 TEDS 本身資料與真實情形的差距，雖然不能準確的推估，卻比 TEDS 的資料更接近於真實情形，顯示，利用空間抽樣技術，的確可以降低取樣的成本，且獲得更精確的估算。

表 6.4　各種空間抽樣方式所獲得的市長支持率與投票率之估計值比較

抽樣方法	%			
	國民黨	民進黨	投票率	樣本數
2010臺北市長選舉結果	39.0	30.7	70.7	
臺北市TEDS資料	48.3	27.3	86.2	1131
A空間再抽樣方法1 －分層抽樣法，以區為單位	50.4	23.0	89.4	113
B空間再抽樣方法2 －以樣本間物理距離隨機抽樣	44.0	34.0	87.0	100
C空間抽樣方法 －以區間物理距離隨機抽樣	43.7	28.2	77.5	71
2010臺中市長選舉結果	37.0	35.3	75.0	
臺中市TEDS資料	41.2	29.5	87.2	1168
A空間再抽樣方法1 －分層抽樣法，以區為單位	40.0	30.0	94.0	100

（續）表 6.4　各種空間抽樣方式所獲得的市長支持率與投票率之估計值比較

抽樣方法	%			
	國民黨	民進黨	投票率	樣本數
B空間再抽樣方法2 －以樣本間物理距離隨機抽樣	35.6	29.7	82.2	118
C空間抽樣方法 －以區間物理距離隨機抽樣	43.3	29.1	91.5	141

資料來源：中央選舉委員會網站，及臺灣選舉與民主化調查網站

表 6.5　各種空間抽樣方式所獲得的市長支持率與投票率之估計值比較

抽樣方法	%				
	國民黨	民進黨	國＋楊秋興	投票率	樣本數
2010高雄市長選舉結果	14.7	37.9	33.9	75.2	
高雄市TEDS資料	12.8	42.2	32.2	87.5	1177
A空間再抽樣方法1 －分層抽樣法，以區為單位	15.3	43.2	29.7	89.8	118
B空間再抽樣方法2 －以樣本間物理距離隨機抽樣	17.0	35.0	37.0	85.0	100
C空間抽樣方法 －以區間物理距離隨機抽樣	17.1	43.1	37.4	91.1	123

資料來源：中央選舉委員會網站，及臺灣選舉與民主化調查網站

　　過去對於調查資料的估算，總是樣本數越多，越能趨近於母體，然而，從上一章的結果來看，無論是總統選舉、或是直轄市長選舉，基於調查成本考量與實際操作的可行性，一般是選擇抽樣調查，無法做到普查；因此，從樣本試算而來的估計值，與母體的實際值，之間是有差距的，這部分可以用缺值（missing data）或是抽樣偏差（sampling bias）來校正，本文便是使用後者來進行已知樣本的再估算。結果發現，無論是將全國性的調查資料、或是地方性的調查資料重新估算，我們認為，將投票行為的空間相依性考慮進抽樣設計後，不但可以減少取樣數，也能得到較精確的

估計值；尤其空間抽樣方法（C）的估算結果在總統選舉以及直轄市長選舉中皆有較佳的表現，目前，受限於 TEDS 的調查資訊，空間抽樣方法（C）無法有完整的有效資料，若是未來可先以空間抽樣技術抽取調查樣本，再進行調查，相信更能提高調查的準確性。

伍、結果與討論

　　傳統抽樣方法考量城鄉人口的比例差距，會先對母群體進行「分層」，包括「人口」、「族群」或「社經背景」等人文因子，讓每一層級皆有代表樣本，達到各層級個體的抽樣機率相等；但是，考慮抽樣便利與抽樣成本，這些在選舉時期所進行的抽樣調查，樣本的地理位置會有聚集性，然而，以考量抽樣便利與抽樣成本的操作方式，往往沒有顧慮到這些樣本之間是不是存在鄰近效應，且樣本之間對於選舉行為與態度是否互相影響？本文認為，若在一個空間單元中要進行三回合抽樣調查，那麼，三組調查人馬，在同一個區域分頭抽樣訪談，不如一組調查人馬，分別在三個區域內進行抽樣訪談，也許投入人力有限，能探樣到的受訪戶較少，但是在不相鄰的區域內進行訪談，較能取得該空間單元內，客觀的選民選舉行為與態度的資訊。作者在表 6.3 中，將兩種三式的空間抽樣方法所推估的結果，與 TEDS 的推估值進行顯著性差異檢定，得到空間抽樣方法的推估值與 TEDS 的推估值無顯著差異，這表示，我們的操作方法，將舊有的調查資料作篩選，去掉有鄰近關係影響的樣本，並無不完善之處，反而透過空間抽樣方法的推估來修正抽樣偏差，能夠提升調查資料的準確性。

　　傳統抽樣方法在人文因子之外，也會考慮到以「選區」、「鄉鎮市區」來分層，這種分層方式的確考慮到「空間」上的分配，但是行政區的分級考量並不一定能真的做到樣本在空間上的分布均勻。

　　然而這些調查研究案除了瞭解選舉民意之外，同時也在問卷設計中羅

列了許多可以作爲選舉研究探測的議題與變數，若是這些變數因著樣本之間的自相關性而影響到分析結果，那麼對於後續使用者，需要以空間特性來探討這些議題與變數時，可能要透過空間自相關的計算，刪除掉某些樣本，像是本文所使用的空間再抽樣方法 2，或者透過其他方式來篩選避免樣本間的自相關性。

　　當然，臺灣聚落的分布型態，本身就屬於「聚集」，如何從空間中呈現聚集的母群體抽取具有代表性的樣本，且樣本本身還能兼顧傳統抽樣中，人文分層的訴求，本文認爲可以從抽樣設計開始就加入樣本空間特性的考量，像是空間抽樣方法（C），目的是達到樣本符合隨機分布，將「空間」、也是「距離」這個因子放入操作程序中：選擇母群體→選擇抽樣結構→決定樣本大小→進行空間抽樣。而母群體的選擇，會依照不同的選舉目的作改變，例如：總統大選的空間框架是全臺灣；縣市長選舉的空間框架是單一縣市；立委選舉的空間框架則是單一選區（以區域立委爲例）。以總統選舉爲例，若是以選區爲抽樣單位，容易造成只有單一選區的縣市在隨機抽樣的程序中落選，像是花蓮市、臺東市、宜蘭市、新竹市與基隆市，因此本文認爲，在選擇空間結構時，需要考慮到行政區與選區的分配特性。

　　樣本數的大小，與傳統抽樣相同，可以依照人口數設定合適的樣本比例。最後操作空間抽樣時，第一個樣本爲隨機，往後的抽樣樣本的抽取原則則根據所有選區與獲選選區之間的距離來考慮，在距離上已經與獲選樣本有空間相關性時，則不列入抽取的對象中，當抽樣結束後，再對獲選樣本進行空間相關性的分析，確定爲隨機分布。

　　當研究議題有空間分布的特性時，空間抽樣技術便能應用在抽樣設計之中，讓獲選樣本符合討論前提，則在後續使用上，讓每一筆樣本都能有效的使用。

　　最後，文中的空間抽樣方法，是探討將「空間特性」考慮進樣本的

選擇中，希望透過空間特性的篩選，取得空間分布獨立的樣本；然而，這些樣本的代表性、與如何回推其所能代表的群體（母體中的哪些族群），是在未來延伸中，可以繼續探討的有趣議題；作者以為，一直以來，相關空間分析的研究，主要從二維的空間面向來討論，「受到距離的影響，越鄰近的家戶所表現出來的選舉行為會越相近」，在這個空間尺度中，我們所關心的距離，是每一個門牌號碼，彼此間所在位置的直線距離，但隨著人口密度增加、都市化程度提升，聚落的建築形式，逐漸從平房轉變為華廈與大樓，家戶位置的分布型態，也許從三維的空間面向來表示，會更為貼切；那麼，兩組相近的門牌號碼，可能會因為分屬不同大樓、社區（例如：幸福街 15 號 13 樓與幸福街 41 號 7 樓），增加 Z 軸的計算後，這兩個樣本在空間上的關係是獨立的。目前，調查研究實地進行面訪時，主要是以獲選門牌號碼的一樓為取樣對象，比較是將母體分布降維度抽樣；但是，電訪的資料就不一定侷限於二維的空間尺度了，因此電訪資料較面訪資料的推估效果佳，不只是樣本數較多，也較能從正確的三維家戶分布中抽取樣本。因此，作者認為，未來，在進行調查研究時，除了可以將空間特性帶入抽樣設計中，若能從正確的三維家戶母體分布中抽取有效的樣本，必定有助於提升推估成果。

參考書目

林昌平、吳怡慧、徐永明（2015）。〈空間推論與政治行為：最大熵方法於調查研究的應用，TEDS2012〉。《地理學報》第76卷，頁69-95。

黃紀（2012）。《臺灣選舉與民主化調查2012總統與立法委員選舉電話訪問（TEDS2012-T）之研究設計》。臺北，政治大學選舉研究中心。

朱雲漢（2012）。《2009年至2012年「選舉與民主化調查」三年期研究規劃（3/3）：民國一百零一年總統與立法委員選舉面訪案》。臺北，行政院國家科學委員會補助專題研究計畫成果報告。

姜成晟、王勁峰、曹志冬（2009）。〈地理空間抽樣理論研究綜述〉。《地理學

報》第64卷，第3期，頁368-380。

童振源、周子全、林繼文、林馨怡（2011）。〈2009年臺灣縣市長選舉預測分析〉。《選舉研究》第18卷，第1期，頁69-94。

楊佳芳（2002）。〈利用EM演算法分析公元2000年總統大選民調資料〉。國立中央大學統計研究所碩士論文。

賴進貴、葉高華、張智昌（2007）。〈投票行為之空間觀點與空間分析〉。《選舉研究》第14卷，第1期，頁32-60。

葉高華（2006）。〈近朱者赤？近墨者黑？臺灣總統選舉藍綠變遷的鄰近效應，1996-2004〉。2006年臺灣政治學會年會暨「再訪民主：理論、制度與經驗」學術研討會。臺北，臺北大學。

盛杏湲（1994）。〈Selection Bias in Vote Choice Models〉。《選舉研究》第1卷，第2期，頁221-250。

盛杏湲（1998）。〈國民黨與黨外中央後援會選舉競爭之研究〉。臺北，桂冠圖書公司。

盛治仁（2001）。〈總統選舉預測探討——以情感溫度計預測未表態選民的應用〉。《選舉研究》第7卷，第2期，頁75-108。

中央選舉委員會（2012）。〈選舉資料庫——2012第十三任總統與副總統選舉〉。

中央選舉委員會。2010。〈選舉資料庫——2010、99年直轄市長選舉〉。

Earl, B. 1998. "The practice of social research." Belmont, CA :Wadsworth Pub. Co., 李美華等譯（1998），《社會科學研究方法》。臺北，時英。

Liu, F. C.S., and Y. S. Su. 2015. "Adjusting survey response distributions using multiple imputation: A simulation with external validation." *Research Article* 34: 8-32.

Wang, J.F., Stein, A., Gao, B. B. and G, Yong. 2012. "A review of spatial sampling." *Spatial Statistics* 2: 1-14.

Wang, J.F., Jiang, C. S., Hu, M. G., Gao, Z. D., Guo, Y. S., Li, L. F., Liu, T. J. and B, Meng. 2013. "Design-based spatial sampling: Theory and implementation." *Environmental Modelling and Software* 40: 280-288.

　　透過本書中五篇文章的介紹，期望能將作者利用空間分析方法於政治地理學應用的想法提供給讀者，使讀者了解空間分析方法的解釋能力與運用層面是很廣泛的。地理學談的是人與環境之間的科學，而政治地理學，談的則是人的政治行為與環境之間的科學；在地理學中，我們討論的環境是較客觀的，像是氣候、水文、地質條件，而政治地理學所關注的環境則是人的主觀判定，像是人的性別、社經地位、省籍，甚至教育程度等，這也使得空間分析方法應用於政治地理學時更有挑戰性。

　　人與人的互動是進行政治地理學研究時，最令人感興趣卻也最難處理的一塊，傳統在進行政治地理的空間分析時，多使用樣本之間的「鄰近關係」來解釋人與人在空間中互動的表現，但是人與人之間的交集，並非僅能單純從彼此間的距離遠近來定義，還有許多組成聚落的背景因子，比距離有更顯著的解釋能力，像是我們在第二章〈政治地理測量〉一文中討論到，利用 2012 年民進黨總統選舉與立委選舉的選票分布，來檢視其與四種關係矩陣：「鄰近關係」、「區域版塊」、「社經地位」與「省籍關係」之間的空間自相關性時，從指數分析的結果判讀出「省籍關係」，比起「鄰近關係」，有更為顯著的解釋力。我們可以說，省籍關係也是一種鄰近關係，它超越物理距離的限制，而把相同省籍背景的樣本劃分為相鄰的一種解釋。

　　不過，物理距離上的鄰近關係，其所具有的空間意義特性，在解釋許多議題時，仍是重要的切入點。在第三章〈空間體制的測量〉中，我們所要探測的是不同時期立法委員參與行為的變動方向。此章以區域型空間

自相關來解釋各單獨選區與其鄰近選區的相互關係，這裡所討論的鄰近關係，便是臨界選區之間的相關程度，樣本的取樣也是以各委員所在選區的「位置」來定義空間性質，接著進行空間迴歸分析。結果顯示，當委員會重新洗牌後，兩大政黨——國民黨與民進黨的立委，對於委員會參與行為與地方族群結構及所屬選區的空間特性之間的連結性，的確受到鄰近選區委員們的影響。因此，在這個議題中，純粹的「鄰近關係」所形成的空間矩陣，在解釋立法委員的參與行為時，是一項重要的因子。

綜合以上兩章對於選舉地理測量與空間體制測量的處理方式，我們了解到，空間分析方法的應用，會根據所處理議題的尺度（scale）與面向，而有適合的操作方式與適當的關係矩陣，我們在處理人與人之間的互動時，必須先想清楚可能影響的空間矩陣是哪些？這些空間矩陣的單位是什麼？才能在進行空間分析時，找出更顯著或更能解釋樣本間有關聯的關係矩陣。在空間矩陣的單位中，比較粗的如縣、市，較細的像是村、里，在公開的選舉地理資料中，能夠取得最細微的是村、里的資料，接著配合研究目的，需要將這些資料合併，表示為合適之空間單元內的選舉資料。在我們處理過的空間單元中，比較特別的是「選區」，選區的劃分主要是依照選舉人口數，在人口聚集的地區，能夠透過多個選區的劃分，分散聚落聚集地區的資料量，達到每個空間單元中，資料的筆數較為平均。

空間分析方法的應用，除了空間自相關模型的方式之外，空間迴歸分析的操作，也是一項常用且具有更廣泛解釋效果的研究方法。空間迴歸模型的操作，是在傳統的迴歸分析架構中，加入「空間屬性」，強調的是空間關係的交互作用。在第三章的〈體制測量〉一文中我們有做這樣的應用，即所謂的將「地區性」帶入一般迴歸模型的嘗試，這是繼 panel data 將時間帶入迴歸分析之後，另一個重要的發展。而在第四章中，我們嘗試綜合「空間」與「時間」，進行空間計量分析，解釋各會期中，立委參與行為的變化，以及之後是否會對競選連任有影響性。研究結果表示：優秀立委在立法院的表現較為積極，並且受到鄰近選區立委是否為優秀立委的

競爭影響，也能夠提升該立委立院參與的積極行為。這兩章（第三、第四章）與立法委員相關的議題，皆以選區作為空間單元，而選區所呈現的空間矩陣關係，比起立法委員的個人背景（政黨、教育程度、性別等等）來說，是較能突顯綜合性影響指標的關係矩陣，這時選區的區位，與其他因子而言，就相對重要了。

以上幾段提的鄰近關係，或者是第二章中所講的省籍關係，其實都指向著一群「有關係」的人，這群人與人之間的關係，可以用空間單元之間的相鄰關係來表示，也可以用省籍背景相同來表示；因此，我們假設：**從已知資料的個體，去推估與此個體「有關係」的群體，會有相似的行為表現，其機率值是較高的**。這樣的想法，能夠突破過去選舉研究，以總體資料來作空間分析的限制，而使用了個體層次的資料分析，這是作者結合個體層次資料與最大熵模型的運用成果，擴大了個體資料進行空間分析的可能性。

無論是空間統計或者是空間計量方法，作者所使用到的分析模型，都是已經存在的分析工具，只是所有的資料都必須經過整理、處理為合適的格式，才能夠進行分析與應用，這也是作者在進行空間分析時，最耗費心力的一環。尤其是第五章調查資料，出現了傳統的抽樣架構與空間分析假設不符的困難，作者為了克服樣本之間的空間自相關性，在第六章中，提出了幾種樣本的重新估算方式，將空間自相關性納入考量，調整後的抽樣結果，以選舉後的結果來驗證，的確是更貼近真實的。作者認為，空間抽樣的發展，對於政治地理學研究在進行空間分析時，是有幫助的，在探討空間的議題時，研究方法的設計，必須考慮樣本的空間性質，所投入的抽樣努力才是經濟、有效的。不過空間抽樣的設計，在選定議題之後，是需要周詳的文獻蒐集與進行實際田野調查，唯有了解議題中所關注的族群在空間中尋常的空間互動模式，所提出來的空間抽樣架構才符合假設。例如，聚落的建築型態逐漸從二維的平房結構轉為三維華廈及大樓，那麼對於樣本左鄰右舍的定義，就可能從橫向的相鄰幾個門牌號碼，轉變為垂直

的，從同一個社區出入口進出的族群，因此，我們在考慮樣本之間的空間獨立性時，建築型態所產生的空間隔閡也需要考量進去。甚至，現在建商推出的飯店式物業管理大樓，每一層樓都有磁扣管制，降低了同社區中樓上與樓下住戶的互動頻率，族群產生互動的場域，發生在工作地點，或者是網路上，反而變得較為密切。使得，空間抽樣執行起來，需要更充分的考量。

　　在從事空間分析於政治地理學的研究歷程中，我們抓住問題的脈絡，一路探求下去，每一次解決了一個問題，又出現了下一個問題的伏筆，這也是做研究有趣也有幸的地方。這本書分享的是作者近幾年來找問題、想問題與解決問題的過程與方式，空間分析方法並非一成不變的，它可以因應議題與資料的屬性而做活用，並且具體的表現環境的特性；未來，我們也會繼續在這一塊領域中學習與努力，期望能夠發展出更多空間分析方法的應用方式，有效的解釋更多政治地理學的現象。

附錄一　各鄉鎮市以「省籍關係」為關係矩陣所計算的區域型空間自相關聚集型態

關係矩陣					省籍關係				
鄉鎮市名稱	選區立委	總統支持率LISA	民進黨立委支持率LISA	總統與立委支持率差異LISA	鄉鎮市名稱	選區立委	總統支持率LISA	民進黨立委支持率LISA	總統與立委支持率差異LISA
臺北縣板橋市	林鴻池、江惠貞	HH	HH	LH	臺北縣蘆洲市	林淑芬	HH	HH	LH
臺北縣三重市	高志鵬、林淑芬		HH		臺北縣土城市	盧嘉辰			
臺北縣中和市	林德福、張慶忠、許又銘				臺北縣三峽鎮	盧嘉辰			
臺北縣永和市	林德福、許又銘		LL		臺北縣汐止市	李慶華	LH	LH	
臺北縣新莊市	黃志雄、李鴻鈞	HH	HH		臺北縣平溪鄉	李慶華	HH	LH	HH
臺北縣樹林市	黃志雄	HH			臺北縣雙溪鄉	李慶華		LH	HH
臺北縣鶯歌鎮	黃志雄	HH			臺北縣貢寮鄉	李慶華	HH	LH	HH
臺北縣新店市	羅明才	LL			臺北縣金山鄉	李慶華		LH	HH
臺北縣深坑鄉	羅明才		HH	LH	臺北縣萬里鄉	李慶華		LH	HH
臺北縣石碇鄉	羅明才	HH	HH		臺北縣瑞芳鎮	李慶華	LH	LH	HH
臺北縣坪林鄉	羅明才	HH	HH		宜蘭縣宜蘭市	陳歐珀			
臺北縣烏來鄉	羅明才	LL		LL	宜蘭縣羅東鎮	陳歐珀	HH	HH	
臺北縣三芝鄉	吳育昇		LH	LH	宜蘭縣蘇澳鎮	陳歐珀	HH		
臺北縣石門鄉	吳育昇		LH	LH	宜蘭縣頭城鎮	陳歐珀	LH	LH	
臺北縣淡水鎮	吳育昇	LH	LH		宜蘭縣礁溪鄉	陳歐珀	HH	HH	
臺北縣泰山鄉	吳育昇	HH			宜蘭縣壯圍鄉	陳歐珀	HH	HH	
臺北縣林口鄉	吳育昇				宜蘭縣員山鄉	陳歐珀	HH	HH	
臺北縣八里鄉	吳育昇				宜蘭縣冬山鄉	陳歐珀	HH	HH	
臺北縣五股鄉	林淑芬	HH	HH	LH	宜蘭縣五結鄉	陳歐珀	HH	HH	
宜蘭縣三星鄉	陳歐珀	HH	HH		新竹縣新豐鄉	徐欣瑩	LL		
宜蘭縣大同鄉	陳歐珀	LL		LL	新竹縣芎林鄉	徐欣瑩	LL		
宜蘭縣南澳鄉	陳歐珀	LL	LL	LL	新竹縣橫山鄉	徐欣瑩	LL		
桃園縣桃園市	楊麗環、陳根德	LH			新竹縣北埔鄉	徐欣瑩	LL		

關係矩陣					省籍關係				
鄉鎮市名稱	選區立委	總統支持率LISA	民進黨立委支持率LISA	總統與立委支持率差異LISA	鄉鎮市名稱	選區立委	總統支持率LISA	民進黨立委支持率LISA	總統與立委支持率差異LISA
桃園縣蘆竹鄉	陳根德				新竹縣寶山鄉	徐欣瑩	LL		
桃園縣龜山鄉	陳根德				新竹縣峨眉鄉	徐欣瑩			
桃園縣大園鄉	廖正井				新竹縣尖石鄉	徐欣瑩	LL	LL	LL
桃園縣觀音鄉	廖正井	HL			新竹縣五峰鄉	徐欣瑩	LL	LL	LL
桃園縣楊梅鎮	廖正井				苗栗縣竹南鎮	陳超明	LH	LH	HH
桃園縣新屋鄉	廖正井				苗栗縣造橋鄉	陳超明	LL	LL	
桃園縣龍潭鄉	呂玉玲		LL		苗栗縣西湖鄉	陳超明	LL	LL	
桃園縣平鎮市	呂玉玲				苗栗縣後龍鎮	陳超明			
桃園縣八德市	孫大千		LL	HH	苗栗縣通霄鎮	陳超明			
桃園縣大溪鎮	孫大千		LL	HH	苗栗縣銅鑼鄉	陳超明	LL	LL	
桃園縣復興鄉	孫大千	LL	LL	HL	苗栗縣苑裡鎮	陳超明			
桃園縣中壢市	陳學聖、孫大千				苗栗縣三義鄉	陳超明	LL	LL	
新竹縣竹北市	徐欣瑩				苗栗縣三灣鄉	徐耀昌	LL	LL	
新竹縣竹東鎮	徐欣瑩	LL	LL		苗栗縣頭份鎮	徐耀昌	LL	LL	
新竹縣新埔鎮	徐欣瑩				苗栗縣南庄鄉	徐耀昌	LL	LL	
新竹縣關西鎮	徐欣瑩				苗栗縣苗栗市	徐耀昌	LL	LL	
新竹縣湖口鄉	徐欣瑩	LL			苗栗縣頭屋鄉	徐耀昌	LL	LL	
苗栗縣獅潭鄉	徐耀昌	LL	LL		臺中縣豐原市	江啓臣			
苗栗縣泰安鄉	徐耀昌	LL	LL		臺中縣東勢鎮	江啓臣			
苗栗縣卓蘭鎮	徐耀昌				臺中縣新社鄉	江啓臣			
苗栗縣大湖鄉	徐耀昌	LL	LL		臺中縣石岡鄉	江啓臣			
苗栗縣公館鄉	徐耀昌	LL	LL		臺中縣和平鄉	江啓臣			
臺中縣大安鄉	蔡其昌	HH	HH	LH	臺中市西屯區	蔡錦隆			
臺中縣大甲鎮	蔡其昌		HH	LH	臺中市南屯區	蔡錦隆			
臺中縣外埔鄉	蔡其昌				臺中市北區	盧秀燕			
臺中縣清水鎮	蔡其昌	HH	HH	LH	臺中市北屯區	盧秀燕			
臺中縣梧棲鎮	蔡其昌		HH	LH	臺中市中區	林佳龍		HH	

關係矩陣					省籍關係				
鄉鎮市名稱	選區 立委	總統 支持率 LISA	民進黨立 委支持率 LISA	總統與立 委支持率 差異LISA	鄉鎮市名稱	選區 立委	總統 支持率 LISA	民進黨立 委支持率 LISA	總統與立 委支持率 差異LISA
臺中縣沙鹿鎮	顏清標		LH	HH	臺中市東區	林佳龍	HH	HH	LH
臺中縣大肚鄉	顏清標		LH	HH	臺中市南區	林佳龍		HH	LH
臺中縣龍井鄉	顏清標		LH	HH	臺中市西區	林佳龍		HH	LH
臺中縣烏日鄉	顏清標	HH			彰化縣和美鎮	王惠美	LH	LH	HH
臺中縣霧峰鄉	顏清標	HH		HH	彰化縣線西鄉	王惠美		LH	HH
臺中縣大里市	顏清標、 何欣純	LL	LL		彰化縣伸港鄉	王惠美	HH	LH	HH
臺中縣太平市	何欣純	HH			彰化縣鹿港鎮	王惠美		LH	HH
臺中縣后里鄉	楊瓊瓔				彰化縣福興鄉	王惠美	HH	LH	HH
臺中縣神岡鄉	楊瓊瓔	HH		HH	彰化縣秀水鄉	王惠美			
臺中縣潭子鄉	楊瓊瓔	HH	LH	HH	彰化縣彰化市	林滄敏	HH	LH	HH
臺中縣大雅鄉	楊瓊瓔				彰化縣花壇鄉	林滄敏	HH	HH	
彰化縣芬園鄉	林滄敏		HH	LH	南投縣中寮鄉	馬文君			
彰化縣員林鎮	魏明谷			LH	南投縣仁愛鄉	馬文君	LL	LL	LL
彰化縣大村鄉	魏明谷		HH		南投縣魚池鄉	馬文君		LH	HH
彰化縣永靖鄉	魏明谷		HH		南投縣南投市	林明溱	LH		LH
彰化縣社頭鄉	魏明谷	HH	HH		南投縣鹿谷鄉	林明溱		LH	
彰化縣田尾鄉	魏明谷				南投縣信義鄉	林明溱	LL	LL	LL
彰化縣田中鎮	魏明谷				南投縣竹山鎮	林明溱			
彰化縣二水鄉	魏明谷	HH	HH		南投縣集集鎮	林明溱		LH	HH
彰化縣溪湖鎮	鄭汝芬				南投縣名間鄉	林明溱	HH	HH	
彰化縣埔鹽鄉	鄭汝芬	LH	LH		南投縣水里鄉	林明溱			
彰化縣埔心鄉	鄭汝芬				雲林縣麥寮鄉	張嘉郡	LH	LH	
彰化縣北斗鎮	鄭汝芬				雲林縣台西鄉	張嘉郡	LH	LH	HH
彰化縣二林鎮	鄭汝芬	LH	LH		雲林縣東勢鄉	張嘉郡		LH	HH
彰化縣埤頭鄉	鄭汝芬	HH	LH	HH	雲林縣褒忠鄉	張嘉郡	HH		HH
彰化縣芳苑鄉	鄭汝芬				雲林縣土庫鎮	張嘉郡	HH		HH
彰化縣大城鄉	鄭汝芬	LH	LH	HH	雲林縣虎尾鎮	張嘉郡			HH

關係矩陣					省籍關係				
鄉鎮市名稱	選區立委	總統支持率LISA	民進黨立委支持率LISA	總統與立委支持率差異LISA	鄉鎮市名稱	選區立委	總統支持率LISA	民進黨立委支持率LISA	總統與立委支持率差異LISA
彰化縣竹塘鄉	鄭汝芬				雲林縣四湖鄉	張嘉郡			
彰化縣溪州鄉	鄭汝芬	HH		HH	雲林縣元長鄉	張嘉郡	HH		HH
南投縣埔里鎮	馬文君				雲林縣北港鎮	張嘉郡	HH	HH	HH
南投縣草屯鎮	馬文君				雲林縣口湖鄉	張嘉郡	HH		HH
南投縣國姓鄉	馬文君		LL		雲林縣水林鄉	張嘉郡	HH	HH	HH
雲林縣斗六市	劉建國		HH	LH	嘉義縣中埔鄉	陳明文			
雲林縣斗南鎮	劉建國	HH	HH		嘉義縣竹崎鄉	陳明文	HH	HH	HH
雲林縣西螺鎮	劉建國	HH	HH		嘉義縣梅山鄉	陳明文	HH	HH	
雲林縣古坑鄉	劉建國	HH	HH		嘉義縣番路鄉	陳明文			
雲林縣大埤鄉	劉建國				嘉義縣大埔鄉	陳明文			
雲林縣莿桐鄉	劉建國	HH	HH	LH	嘉義縣阿里山鄉	陳明文	LL		LL
雲林縣林內鄉	劉建國	HH	HH	LH	臺南縣白河鎮	蔡宜津		HH	
雲林縣二崙鄉	劉建國	HH	HH		臺南縣後壁鄉	蔡宜津		HH	
雲林縣崙背鄉	劉建國	HH	HH		臺南縣北門鄉	蔡宜津		HH	
嘉義縣太保市	翁重鈞	HH	HH	HH	臺南縣學甲鎮	蔡宜津		HH	
嘉義縣朴子市	翁重鈞	HH	HH	HH	臺南縣新營市	蔡宜津			HH
嘉義縣六腳鄉	翁重鈞	HH		HH	臺南縣鹽水鎮	蔡宜津		HH	
嘉義縣東石鄉	翁重鈞	HH		HH	臺南縣柳營鄉	蔡宜津			
嘉義縣布袋鎮	翁重鈞	HH		HH	臺南縣東山鄉	蔡宜津			
嘉義縣義竹鄉	翁重鈞	HH	LH	HH	臺南縣將軍鄉	蔡宜津			
嘉義縣鹿草鄉	翁重鈞	HH	HH	HH	臺南縣下營鄉	蔡宜津			
嘉義縣水上鄉	翁重鈞	HH	HH	HH	臺南縣六甲鄉	蔡宜津			
嘉義縣大林鎮	陳明文	HH	HH		臺南縣官田鄉	蔡宜津			
嘉義縣民雄鄉	陳明文	HH	HH	HH	臺南縣麻豆鎮	黃偉哲	HH	HH	LH
嘉義縣溪口鄉	陳明文				臺南縣佳里鎮	黃偉哲	HH	HH	LH
嘉義縣新港鄉	陳明文	HH	HH	HH	臺南縣七股鄉	黃偉哲	HH	HH	
臺南縣善化鎮	黃偉哲	HH	HH	LH	臺南市中西區	陳亭妃			
臺南縣玉井鄉	黃偉哲		HH		高雄縣桃源鄉	邱議瑩	LL	HL	LL

關係矩陣					省籍關係				
鄉鎮市名稱	選區立委	總統支持率LISA	民進黨立委支持率LISA	總統與立委支持率差異LISA	鄉鎮市名稱	選區立委	總統支持率LISA	民進黨立委支持率LISA	總統與立委支持率差異LISA
臺南縣大內鄉	黃偉哲	HH	HH		高雄縣那瑪夏鄉	邱議瑩	LL	HL	LL
臺南縣西港鄉	黃偉哲	HH	HH		高雄縣六龜鄉	邱議瑩			
臺南縣安定鄉	黃偉哲	HH	HH		高雄縣甲仙鄉	邱議瑩			
臺南縣楠西鄉	黃偉哲				高雄縣杉林鄉	邱議瑩			
臺南縣新化鎮	黃偉哲	HH	HH	LH	高雄縣旗山鎮	邱議瑩	HH	HH	HH
臺南縣新市鄉	黃偉哲	HH	HH	LH	高雄縣美濃鎮	邱議瑩			
臺南縣山上鄉	黃偉哲	HH	HH		高雄縣內門鄉	邱議瑩	HH	HH	HH
臺南縣南化鄉	黃偉哲		HH	LH	高雄縣茂林鄉	邱議瑩	LL	LL	LL
臺南縣左鎮鄉	黃偉哲	HL			高雄縣燕巢鄉	邱議瑩			
臺南縣仁德鄉	陳唐山	HH	HH	HH	高雄縣田寮鄉	邱議瑩	HH	HH	HH
臺南縣歸仁鄉	陳唐山	HH	HH	HH	高雄縣阿蓮鄉	邱議瑩	HH	HH	
臺南縣永康市	陳唐山				高雄大社鄉	邱議瑩	HH	HH	
臺南縣關廟鄉	陳唐山	HH	HH	HH	高雄縣大樹鄉	邱議瑩	HH	HH	HH
臺南縣龍崎鄉	陳唐山	HH	HH	HH	高雄縣路竹鄉	邱志偉	HH	HH	HH
臺南市安平區	許添財				高雄縣湖內鄉	邱志偉	HH	HH	HH
臺南市東區	許添財				高雄縣茄萣鄉	邱志偉	HH		HH
臺南市南區	許添財		HH	LH	高雄縣永安鄉	邱志偉	HH	HH	HH
臺南市北區	陳亭妃	HH	HH	LH	高雄縣彌陀鄉	邱志偉	HH		HH
臺南市安南區	陳亭妃	HH	HH		高雄縣岡山鎮	邱志偉			
高雄縣梓官鄉	邱志偉	HH	HH	HH	屏東縣霧台鄉	蘇震清	LL	LL	
高雄縣橋頭鄉	邱志偉	HH	HH	HH	屏東縣九如鄉	蘇震清	HH	HH	
高雄縣仁武鄉	林岱樺	HH	HH	LH	屏東縣鹽埔鄉	蘇震清	HH	HH	
高雄縣鳥松鄉	林岱樺	HH	HH	LH	屏東縣長治鄉	蘇震清	HL		
高雄縣林園鄉	林岱樺	HH	HH		屏東縣瑪家鄉	蘇震清	LL	LL	LL
高雄縣大寮鄉	林岱樺		HH		屏東縣泰武鄉	蘇震清	LL	LL	LL
高雄縣鳳山市	許智傑				屏東縣萬巒鄉	蘇震清	HL	HL	
高雄市左營區	黃昭順				屏東縣內埔鄉	蘇震清	HL		
高雄市楠梓區	黃昭順				屏東縣竹田鄉	蘇震清	HL	HL	

關係矩陣					省籍關係				
鄉鎮市名稱	選區立委	總統支持率LISA	民進黨立委支持率LISA	總統與立委支持率差異LISA	鄉鎮市名稱	選區立委	總統支持率LISA	民進黨立委支持率LISA	總統與立委支持率差異LISA
高雄市鹽埕區	管碧玲				屏東縣潮州鎮	蘇震清			
高雄市鼓山區	管碧玲				屏東縣萬丹鄉	王進士	HH	HH	HH
高雄市旗津區	管碧玲	HH	HH		屏東縣屏東市	王進士			
高雄市三民區	管碧玲、李昆澤				屏東縣麟洛鄉	王進士	HL	HL	
高雄市新興區	趙天麟				屏東縣東港鎮	潘孟安	HH	HH	LH
高雄市前金區	趙天麟				屏東縣恆春鎮	潘孟安		HH	LH
高雄市苓雅區	趙天麟				屏東縣崁頂鄉	潘孟安	HH	HH	
高雄市前鎮區	趙天麟、林國正	HH	LH	HH	屏東縣林邊鄉	潘孟安	HH	HH	LH
高雄市小港區	林國正	HH	LH	HH	屏東縣南州鄉	潘孟安	HH	HH	
屏東縣高樹鄉	蘇震清				屏東縣佳冬鄉	潘孟安			
屏東縣里港鄉	蘇震清	HH	HH		屏東縣琉球鄉	潘孟安	LH		LH
屏東縣三地門鄉	蘇震清	LL	LL		屏東縣車城鄉	潘孟安	HH	HH	LH
屏東縣滿州鄉	潘孟安				臺東縣延平鄉	劉櫂豪	LL	LL	LL
屏東縣枋山鄉	潘孟安	HH	HH	LH	臺東縣金峰鄉	劉櫂豪	LL	LL	LL
屏東縣新埤鄉	潘孟安	HL	HL		臺東縣達仁鄉	劉櫂豪	LL	LL	LL
屏東縣枋寮鄉	潘孟安	HH	HH	LH	臺東縣蘭嶼鄉	劉櫂豪	LL	LL	LL
屏東縣新園鄉	潘孟安	HH	HH		花蓮縣花蓮市	王廷升		LL	
屏東縣來義鄉	潘孟安	LL	LL	LL	花蓮縣鳳林鎮	王廷升	LL	LL	
屏東縣春日鄉	潘孟安	LL	LL	LL	花蓮縣玉里鎮	王廷升	LL	LL	
屏東縣獅子鄉	潘孟安	LL	LL	LL	花蓮縣新城鄉	王廷升	LL	LL	
屏東縣牡丹鄉	潘孟安	LL	LL	LL	花蓮縣吉安鄉	王廷升	LL	LL	
臺東縣臺東市	劉櫂豪	LL		LL	花蓮縣壽豐鄉	王廷升	LL	LL	
臺東縣成功鎮	劉櫂豪	LL		LL	花蓮縣光復鄉	王廷升	LL	LL	
臺東縣關山鎮	劉櫂豪	LL	LL		花蓮縣豐濱鄉	王廷升	LL	LL	LL
臺東縣卑南鄉	劉櫂豪	LL			花蓮縣瑞穗鄉	王廷升	LL	LL	
臺東縣鹿野鄉	劉櫂豪	LL			花蓮縣富里鄉	王廷升	LL	LL	
臺東縣池上鄉	劉櫂豪	LL			花蓮縣秀林鄉	王廷升	LL	LL	LL

關係矩陣					省籍關係				
鄉鎮市名稱	選區立委	總統支持率LISA	民進黨立委支持率LISA	總統與立委支持率差異LISA	鄉鎮市名稱	選區立委	總統支持率LISA	民進黨立委支持率LISA	總統與立委支持率差異LISA
臺東縣東河鄉	劉櫂豪	LL		LL	花蓮縣萬榮鄉	王廷升	LL	LL	
臺東縣長濱鄉	劉櫂豪	LL		LL	花蓮縣卓溪鄉	王廷升	LL	LL	LL
臺東縣太麻里鄉	劉櫂豪	LL		LL	澎湖縣馬公市	楊　曜	LH		LH
臺東縣大武鄉	劉櫂豪	LL	LL	LL	澎湖縣湖西鄉	楊　曜			
臺東縣綠島鄉	劉櫂豪	LH	LH		澎湖縣白沙鄉	楊　曜	LH	LH	
臺東縣海端鄉	劉櫂豪	LL	LL	LL	澎湖縣西嶼鄉	楊　曜	LH		LH
澎湖縣望安鄉	楊　曜	LH	LH		臺北市內湖區	蔡正元		LL	
澎湖縣七美鄉	楊　曜	LH	LH	LH	臺北市萬華區	林郁方			
基隆市中正區	謝國樑		LL		臺北市中正區	林郁方、賴士葆		LL	
基隆市七堵區	謝國樑	LH	LH		臺北市文山區	賴士葆		LL	
基隆市暖暖區	謝國樑		LL		臺北市大安區	蔣乃辛		LL	
基隆市仁愛區	謝國樑								
基隆市中山區	謝國樑								
基隆市安樂區	謝國樑								
基隆市信義區	謝國樑		LL	HH					
新竹市東區	呂學樟								
新竹市北區	呂學樟								
嘉義市東區	李俊俋	HH	HH	LH					
嘉義市西區	李俊俋		HH	LH					
臺北市北投區	丁守中								
臺北市士林區	丁守中、姚文智								
臺北市大同區	姚文智	HH	HH						
臺北市中山區	羅淑蕾								
臺北市松山區	羅淑蕾、費鴻泰								
臺北市信義區	費鴻泰	LL	HH						
臺北市南港區	蔡正元		LL						

國家圖書館出版品預行編目資料

空間政治：空間分析於選舉地理與政治行為研
究之應用／徐永明、吳怡慧著. -- 初版. --
臺北市：五南，2018.01
　　面；　公分.
ISBN 978-957-11-9498-1（平裝）
1.政治地理學 2.選舉地理學
571.15　　　　　　　　　106021526

$074

空間政治：空間分析於選舉 地理與政治行為研究之應用

作　　者 ― 徐永明、吳怡慧

發 行 人 ― 楊榮川

總 經 理 ― 楊士清

副總編輯 ― 劉靜芬

責任編輯 ― 高丞嫻

封面設計 ― 姚孝慈

出 版 者 ― 五南圖書出版股份有限公司

地　　址：106台北市大安區和平東路二段339號4樓

電　　話：(02)2705-5066　　傳　　真：(02)2706-6100

網　　址：http://www.wunan.com.tw

電子郵件：wunan@wunan.com.tw

劃撥帳號：01068953

戶　　名：五南圖書出版股份有限公司

法律顧問　林勝安律師事務所　林勝安律師

出版日期　2018年1月初版一刷

定　　價　新臺幣250元

※版權所有·欲利用本書內容，必須徵求本公司同意※